教師のための叱らない技術

コーチングを生かして子どもを育てる

庄子 寛之・原 潤一郎 [著]

明治図書

まえがき

この本を手にとっていただき、ありがとうございます！

この本で伝えたいこと。これから読む話はすべてこういう思いで読んでください。


「毎日叱っているあなたは、何も間違っていない」


私たち教師は、正直大なり小なり毎日叱っています。愛情をもって叱っているつもりですが、時には自分がイライラしているから怒ってしまったり、毎回同じ子にあたってしまったりすることもあるでしょう。

でもお願いです。この本を読み進めながら、

「自分が悪かった」

「なんで正しい叱り方ができていなかったのだろう」

と反省しないでください。

私たち二人の思いは、とにかく先生方を元気にすること。

先生が元気になれば、子どもが元気になり、親も元気になり、ゆくゆくは日本全体が元気になると思っているからです。そして、もうそんな現象がどんどん生まれていますよね。


こんな本を書かせてもらっている私は以前、毎日叱っている教師でした。

最初はほめたり、認めたりしながらまとめていて、よくなって卒業することもありましたが、その歯車がか

み合わない時は、私が叱り、叱られた子が反発しての繰り返しの時もありました。

そんな時、コーチングと出会いました。

私は大学のラクロス部の監督をしていて、チームを勝たせたいということから、メンタルコーチを雇ったのがきっかけでした。


部活の監督といえば、どんな印象がありますか？

とにかく怒鳴りつけながら、厳しいことを言っているイメージはないでしょうか？

私はそんなイメージでした。

しかし、当時大学生と年も離れていなかった自分は、厳しく叱ることができず、中途半端な厳しさのせいでその選手の能力を伸ばせていないと感じる毎日でした。


コーチングを用いているメンタルコーチたちに会い、考えは１２０度くらい変わりました。

「答えは監督が押しつけるものではなく、選手の中から選手自身が引き出すもの」

練習中、意味のない罵声をあびせることもなくなりました。練習間の話し合いでは、監督が一方的にアドバイスするのではなく、選手同士が話し合う時間を多くとるようにしました。

チームはあっという間に強くなり、今では一部リーグで活躍するようになりました。二十人もいなかった部員も、今では百人近くになり、大学の中で一、二を争う部員数になりました。

コーチングで学んだことは、普段の教育活動でも生かすことができました。

毎日宿題を忘れる子。毎日同じ子にいじわるする子。何度言っても変わらない子……。


「何度言ったらわかるんだ!!」

と、怒鳴らず、

「どうしたの?」


と、声をかける回数が増えました。まだまだ怒鳴ってしまうこともありますけれどね。

怒鳴ることがいけないとは思っていないのです。しかし、怒鳴る回数は、減らさなくてはいけません。だから、「どうしたの?」と最初に聞けるゆとりをもっておきたいと常に思っています。


この本には、具体的な叱り方の技術(叱らない技術)が書いてあります。

すべてがこんな風にいくわけではありません。

叱り方で失敗することもあります。うまくいったなと思うこともあります。

しかし、年間200日以上、時間にすると1000時間以上も一緒に過ごしている子どもたちに、少しでも意味のある叱り方ができれば、お互いにとってよい時間を過ごすことができるのではないでしょうか。

毎日忙しいのに、「クラスをよりよくしたい」と思ってこの本を手にとってくださったみなさまのために、少しでもお力になれれば光栄です。

庄子　寛之

目次

3章 叱り方の基本の「キ」

4章 日常の問題場面での叱らない技術

5章 授業中や学校行事での叱らない技術

1 章

コーチングの基本の「キ」

01 ところでコーチングって？（対話形式　引き出す）

ビジネスの現場で使われて大ブームになっているコーチング。最近ではお母さんが子育てで、先生たちが教育現場で、コーチングを生かそうという傾向が年々高まってきています。

そもそもコーチングとは何なのか？　いろいろな定義はありますが、一言で言ってしまえば、自分自身も気づいていない「本当の気持ちを引き出すコミュニケーション」です。

コーチという言葉の起源は、馬車だと言われています。馬車は、乗った人を望むところまで運んでくれますよね。そして、どのような道筋を通るとよいかも選ぶことができます。諸説ありますが、ハンガリーのコチという街でつくられていた馬車の性能がよく、目的の場所へ早く連れて行ってくれる。なので「あの人はコチの馬車みたいだね！」ということから、コーチという名前がつけられたと言われています。

現代で言うとタクシーですかね（笑）。タクシーに乗ると二つの質問をされます。

「どちらまで行きますか？」（行き先）

「どのルートで行きますか？」（行き方）

運転手さんに、「どちらまで行きますか？」と行き先を聞かれます。聞かれないまま、「じゃあ、海に向けて出発しますね！」ということは、ありませんよね（笑）。聞かれないと困っちゃいますし、怖いです。

そして、目的地へ行くために「この道を通ってほしい！」「急いでいるから高速道路を使ってほしい！」など、「行き方」も大切になってくるわけです。

このように、行きたい目的地や、好みの行き方は、質問して聞いてみないとわかりません。こちらが強制するわけにはいきません。**「答えは相手の中にある」。当たり前のことですが、これがコーチのもっている前提となる考え方の一つです。**

ところが、タクシーの運転手さんとコーチには違いがあります。タクシーであれば「どちらまで行きますか？」と聞いて、「それが、十年ほどわからないんですよ～」と言われることは、酔っぱらっていなければ、ほとんどありません。「目的地が決まったら乗ってください！」だけですむ話です。

しかしコーチのもとに来る九割以上の方は、「どのような人生を生きたいですか？」と聞いても、本当に行きたいと思っている目的地に気がついていません。コーチングとは、対話をすることで「行きたい！」と思う目的地を見つけ、一人ひとりが自分らしく挫折しないで目的地にたどり着けるよう、行き方も見つけていくコミュニケーションのスキルです。

次のページから、子どもの本音を引き出すコーチの考え方をご紹介していきます。

02 コーチングの基本的な考え方（原因論と目的論　人は変われる）

「なんであの子はいつも同じ失敗をするんだ」「失敗した原因は何だ！」子どもたちの行動を見て、そう思うことはありませんか？　もしそうだとしたら、あなたは仕事ができる人です。「ここをこうしたらよくなる！」と、明確にうまくいかないポイントを見つけ、指摘し、改善を促すことがお得意。仕事ができる人ほどこれがうまい!!

次のページの1～9と書かれた図を見てください。例えば、携帯電話が九つの部品からできていて、六番だけが壊れているとしてください。その他の部品は完璧な働きをしてくれます。これを直したい時は、六番を直せばすべてがうまくいきます。

①うまくいっていないところだけをピンポイントで見つける　②直す　③すべてがうまくいくようになる

ところが、この①～③の考え方を子どもとのコミュニケーションに生かすと、このようなことが起こります。

1「君は、わがままなんだ」。ピンポイントで見つけて指摘し続けます。
「ほら、この前の運動会も君のわがままで、まとまらなかったでしょ！」「ほら、学芸会の時も、遠足の時も、わがままだった！」

2「だから、直して！」（うまくいく？）

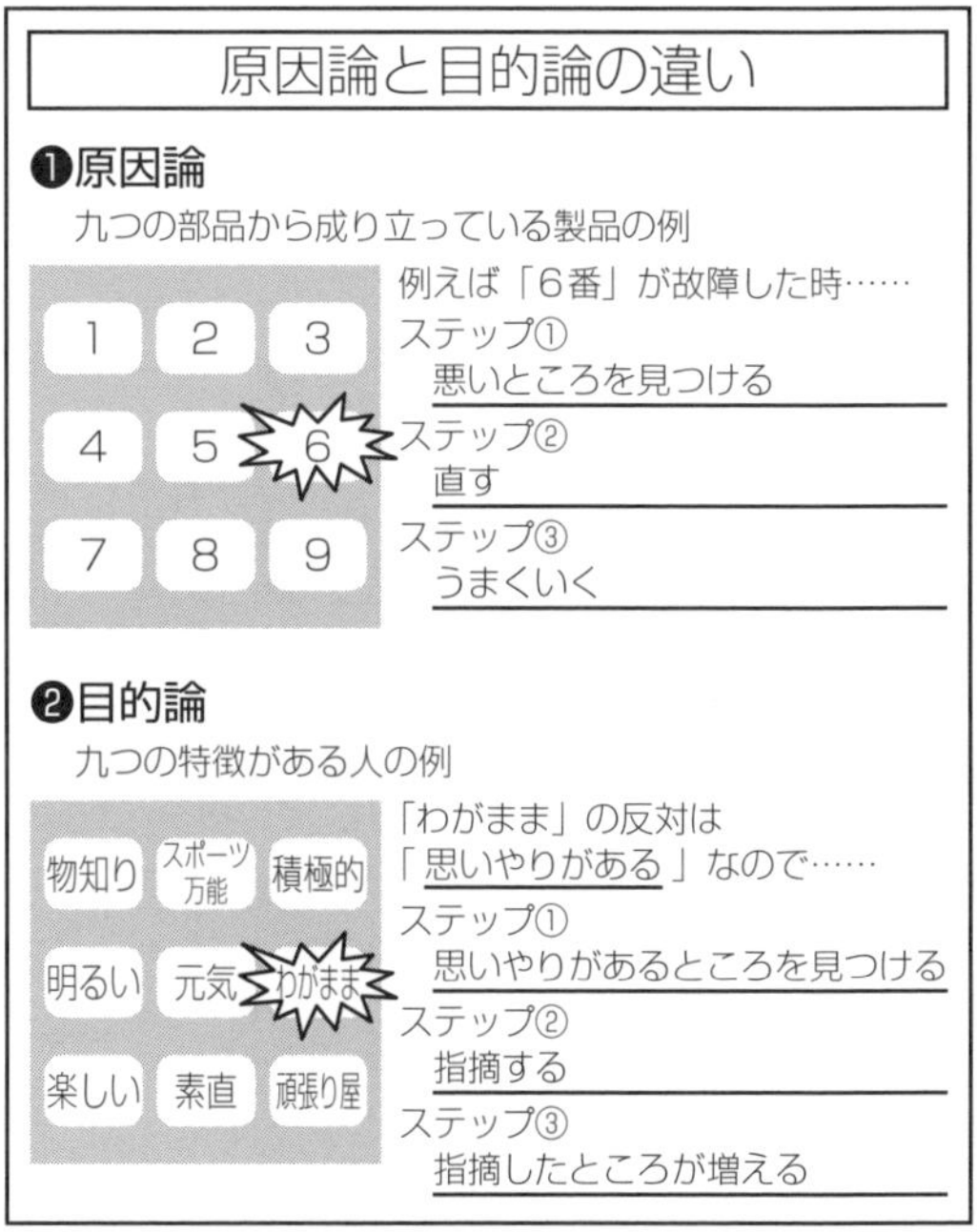

実はこれでうまくいく時もあります。子どもに明確な成長意欲や子どもからの絶大な信頼があれば、「はい！　わかりました！」となることもあります。ところが多くの場合はうまくいきません。「僕はわがままなやつなんだ」と落ち込んだり、「ほら！　あの子がわがままで有名な子よ！」と噂されたり、「わがまま」な場面ばかりがクローズアップされてしまうのです。**対人関係においては、指摘したところがよくなるどころか、逆に増えていってしまうのです。これを原因論と呼びます。**

では、どうしたらよいでしょうか？　コーチは目的を意識したアプローチを心がけます。

①反対の事象が起こっている場面を見つけます。例えば「わがまま」の反対が「思いやりがある」だとします。

②今起こっていることでも、過去のことでもＯＫ。思いやりがあった場面を見つけ、指摘します。「Ａくんは、Ｂさんが泣いている時に、ティッシュを渡していたよね。先生、その思いやりがある行動を見て、すごく感動したんだ！」

③思いやりがある行動が増える。「えっ！　そうしたら役に立てるの？」「そんなことでいいの？」。自分がしたことで、人の役に立てることを学び、注目を集めるコツを学びます。ぜひお試しくださいね！

03 叱る目的＝よい学級経営（幸福の三条件）

先生にとっても子どもにとっても、叱ること、叱られることは多くの場合、あまり気持ちのよいことではありませんよね。しかし、どうしても叱らざるをえないと思った時、まずはご自身の気持ちにＯＫを出してほしいのです。「よいクラス経営をしたいと心の底から思っているからこそ、叱ることを考えているんだ！」と。

よい伝え方については、２章以降で詳しくご紹介させていただきます。私たちの流派のコーチが大切にしている、アドラー心理学の考え方があります。

アドラー心理学の提唱者アルフレッド・アドラーは言いました。人が幸せを感じるには、三つの条件が必要であると。【幸福の三条件】と呼ばれる、その三つの項目が以下です。

①自分のことが好き（自己受容）
②人のことを信頼できる（他者信頼）
③人や社会の役に立てていると、自分が思えている（貢献感）

よい学級経営をしたいと思った時、一人ひとりの子どもが、この三条件を上げていけるよう、コーチは心がけています。

小学校四年生の男の子のお話です。彼はよい意味で自分の気持ちに素直。電車に乗れば網棚の上にのぼったり、遊ぶことを禁止されているところで遊んだりするような子でした。周りの大人からすれば「あの子はなんて自分勝手な子なの！」「あの子の親は何やってるの！」。その子もつらいし、お母さんも謝罪を繰り返し、子どもに「あれもダメよ！これもやっちゃダメよ！」と言うことしかできない状況に追い込まれていました。

彼からすれば、「俺のやりたいことはすべてダメと言われる。大人は全員反対する」だから「大人はみんな敵！」。

幸福の三条件に10点満点のメーターがあるとしたら、すべての項目において0点や1点の状態。「どうせ俺なんか……」が口癖で、叱られることにも慣れてしまっていました。

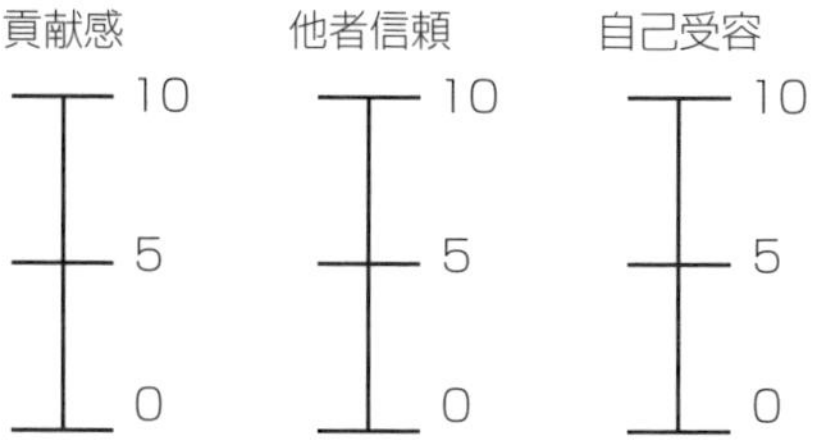

私は彼の大人に対する「当たり前」を覆したいと思ったのです。目的は、大人への信頼を高めてもらいたかったから。

なので、「大人は叱るのが当たり前」と思っている彼に、叱ることは無意味だと思ったのです。だから「そっかー」と、絶対に否定しませんでした。「つらかったね！　もし俺が君だったら、気が狂いそうになるよ。本当によくがんばったね！」と、共感する。このようなことを繰り返して、話を聞き続けました。

そして、彼は言ってくれたのです。「じゅんは初めてできた大人の親友だよ！」

いつもナナメから見ていた彼が「俺、リーダーになりたい！」と言い、徐々に大人への信頼を高め自分の意見にも自信をもてるようになっていきました。

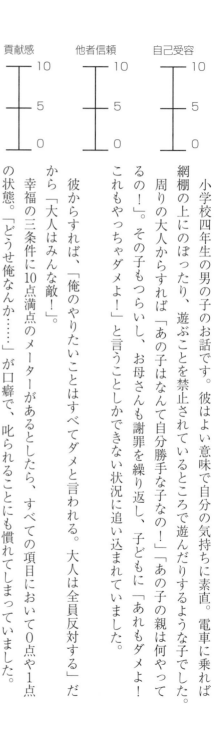

04 叱る＝チャンス（「Do more」「Do something different」の考え方を理解する）

アインシュタイン博士は言いました。「愚かさとは、同じことをして違う結果を求めることである」

子どもたちに接している中で、ほめてもうまくいかない、叱ってもうまくいかない、と思うことはありませんか？　ほめれば、調子にのってなめられてしまう。「教師としての威厳も大事！」と思い、叱れば萎縮されて、自分の意見を言わなくなってしまったり、反発されたりする。

そこで、第三の伝え方をご紹介したいと思います。「勇気づける」という方法です。勇気づける伝え方に関しては、２章でも少しずつふれていきますね。

ここではソリューションフォーカストアプローチという心理学の流派が提唱している、「Do more」「Do something different」という考え方をご紹介したいと思います。

「Do more」の考え方に基づくアプローチは、「うまくいっていることは、どんどんやりましょう」ということです。

「Do something different」の考え方に基づくアプローチは、「うまくいっていないことは、何か変えてみませんか？」という提案です。

クラスの中でもそう。私たちの周りにいる人たちとのコミュニケーションにおいてもそう。この考え方は生かせる場面がとても多いです。そして大切なのは、子どもたちを変えよう！　あの人たちを変えよう！　とする前に、「自分の何かを変えてみよう！」ということです。

例えば、少し思い返してみてください。叱る必要のある場面で、いつもどのような言葉を子どもたちに言っていますか？　そして、その伝え方でうまくいっていたとしたら、Do more。続ければよいと思います。逆に「うまくいってないな～」と思ったら、Do something different。何かを変えてみるのはいかがでしょうか？

子どもたちもなんとなくわかっています。「あっ！　この雰囲気になったら、先生はこうやって怒るパターンだぞ！」って。そのパターンで叱ると、子どもたちは一瞬シュンとしますが慣れたもの。先生が教室を後にした瞬間から、また息を吹き返したかのように騒ぎます。だからこそ「この行動をしたらこの結果になる」というパターンを変えることも大切です。

難しく考える必要はありませんよ。すぐに始められそうなことでOKです。どのようなことをDo something differentしてみたいですか？　「子どもたちにしっかり考えてもらいたい！」という目的があるとしたら、どのように伝えるとよいでしょう？　また、感情をあらわにした方が伝わるのでしょうか？　冷静に伝える方が伝わるのでしょうか？　目的に向かってどのような雰囲気で伝えるのかも大きな鍵になってきますね。何かを変えてみることは、クラスが大きく変革する大チャンスなのかもしれません。

05 叱るまでのステップ（セルフケア→目的を考える→自己開示→叱るかわりに勇気づけ）

学校のクラスであれ、日常のちょっとした時であれ、最も大切なことは、安全を守ることだと思います。子どもたちに危険が迫っている時は、安全を守ることが最優先です。なので「何やってるんだ！」「危ないだろ！」など、反射的に言葉が出てきてしまうこともあると思います。こういった場面ではきっと、子どもたちも大人の発した言葉の意味や目的を理解してくれるでしょう。なぜなら、私たち大人と子どもたちが共通して大切にしたい「安全なクラス」という目的意識が合致するからです。

その一方で、危険性は低いものの、「なぜ何度も同じことを言わせるんだ」「なぜ言うことをきかないんだ」と、大人の意図が伝わらずに歯がゆい、「これは叱らなければ！」と思うこともあるのではないでしょうか。

そこで大切なのは次の四ステップです。

①セルフケア　②目的を考える　③自己開示　④叱るかわりに勇気づけ

①セルフケア：先生自身のセルフケアが大切です。イライラしている時に、お笑い番組などを見て大笑い。すると、ふわっと心が軽くなったような経験はありませんか？　同じ心の状態で、いろいろなことを考えていても、よい解決策は出てきにくいです。なので、私たち大人が自分自身の好きなことなどをやって、よい心

言いにくいことを伝える時の四つのステップ

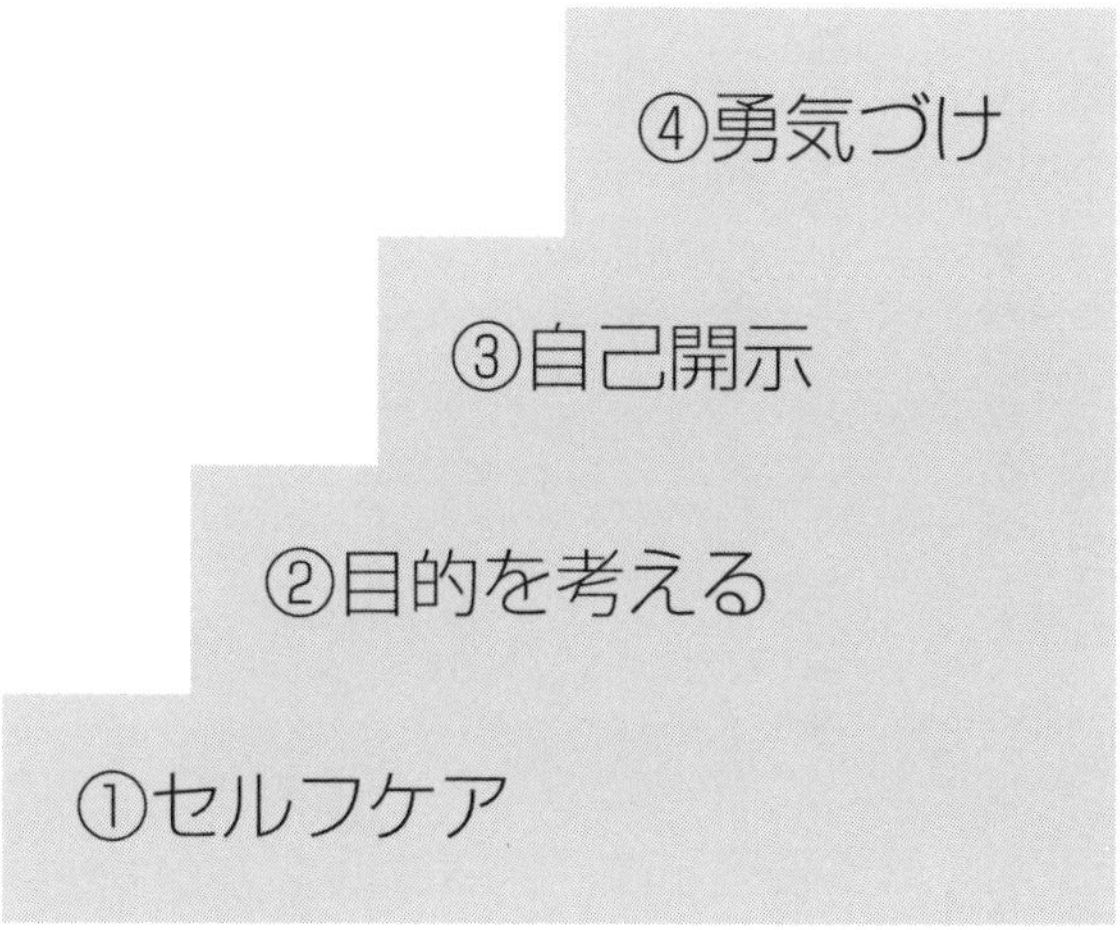

の状態をつくることが大切です。水が満タンなコップに、水を注いでもこぼれてしまうのと近い原理ですね。

②目的を考える：心の状態がよくなったら、なぜ叱りたいと思ったのか？　目的を考えてみましょう。「なぜいつも同じことを言わせるんだ！」などと思う心の奥にはきっと「これをできるようになってもらいたい」「君なら絶対できる！」などという想いがあるからだと信じています。

③自己開示：目的に気がついたら、子どもたちに自己開示です。「先生は、一所懸命準備をして、授業をやっているのだけれど、聞いてもらえずに悲しかった」など、先生の気持ちを子どもたちに教えてあげてください。

④叱るかわりに勇気づけ：先生の気持ちを伝えた上で、未来へ向いていく勇気を与えましょう。例えば、「先生はね、君だったら絶対にできる！　って信じているから、今まで何度も言ってたんだ。いきなり完璧にできなくてもいい。先生も完璧じゃないから、一緒にがんばりたいと思ってるんだ！」

私たちの感情の奥には、先生として大切にしたい想いや目的があふれているのですね!!

06 言語と非言語（メラビアンの法則）

よく先生からこのようなご質問をいただきます。
「子どもへのよい言葉がけを教えてもらえませんか？」

何かを伝える必要がある時、「何を伝えるか？」も、もちろん大切ですが、「どう伝えるか？」ということも大切になってきます。
私たちは、言葉のみでコミュニケーションをとっているのではありません。非言語の部分もコミュニケーションに大きな影響を与えています。

アメリカの心理学者アルバート・メラビアンが提唱した【メラビアンの法則】という考え方をご存知ですか？
「視覚」「聴覚」「言語」それぞれに矛盾した情報を伝えられた時、聞き手はどの情報を重要視して話し手の本心を判断するのか？　というものです。

例えば、満面の笑みを浮かべてニコニコしながら「何やってるんだ！」という言葉で怒る。この場合、満面の笑み、が聞き手にとって優先され、「何やってるんだ！」という言葉はなかなか入ってきません。

浮かない表情で、「あなたは本当にすごい！」と言っても、言葉ではほめているけれど、気持ちが乗っていないので、聞き手は大して嬉しくもありません。

このように人に何かを伝えるにあたって、「視覚」「聴覚」「言語」どれが影響を与えているのか？　という実験の結果がメラビアンの法則です。

また、メラビアンの法則によると、伝わり方には、
Verbal（言語情報：言葉そのものの意味・話の内容など）は7パーセント
Vocal（聴覚情報：声のトーン・速さ・大きさ・口調など）は38パーセント
Visual（視覚情報：見た目・表情・しぐさ・ジェスチャーなど）は55パーセント
もの違いがあるのだそうです。

そのため、「何を伝えるか」も大切ですが、**「伝えたいことを、どう伝えると伝わりやすいか？」、これがコミュニケーションをとるにあたって大切になってきますね！**

そして、子どもたちに何かを伝えていく立場にある私たちには、言語と非言語の自己一致感がとても重要になってきます。そのため、「言っていること」と「やっていること」に矛盾がないようにしたいところです。

自己一致感のある言葉は、多少トンチンカンになってしまったとしても、相手には必ず伝わるものです。

07 二つの子どもの本音（その子の本音　自分の子どもの頃の本音）

「子どもの本音を引き出したい！」と思った時、二つの子どもの本音を大切にします。

①その子の本音
②自分の子どもの頃の本音

①で大切なことは、その子から「教えてもらう」ということです。

子どもが教室から窓の外を眺めている様子を見て「この子、またゲームのことを考えているに違いない！」そう考えるのは、自分目線です。「こうかな？」「ああかな？」には、私たちの推測・思い込み・ジャッジが入ります。当たっているかもしれないし、まったく見当違いなことだってあります。**真実は子どもに教えてもらわないと、わからないのです。**だから聞いてみること、教えてもらうこと、そして素直に答えてくれる関係性が大切なのです。

また、子どもに関心を向けるのではなく、**子どもの関心に関心を向けてみること**も強くオススメします。放課後にでも、その子の椅子に座ってみて、同じ姿勢で外を眺めてみてください。そこには、教壇の上からでは見えてこない景色が広がっているでしょう。「あっ！　鳥が巣をつくっている！」と発見し、「こりゃ、窓の外が気になるわ！」と気づき、子ども以上に夢中で外を眺めてしまうかもしれませんね。

ジャッジや思い込みを脇に置いておく。否定せずに子どもの関心に関心を向けてみる。そんな大人に、子ど

二つの子どもの本音

	その子の本音	自分の子どもの頃の本音
アプローチ	教えてもらう	思い出す
大切なこと	評価・判断しない	子どもの気もちへの理解を深める

もたちは安心感を抱いてくれます。

②で大切なことは、自分が子どもだった頃のことを「思い出す」ということです。

少し記憶を遡って、思い出してみてください。

子どもだった頃どんな先生のことが好きでしたか？　どんな先生が嫌いでしたか？　素直に心を開けた大人は、どのように接してくれましたか？　絶対に心を許さなかった大人は？

今の子どもたちの悩み。私たちも子どもの頃、それと同じように悩んだことがあると思います。だから、思い出してみると、「君の気持ち。よくわかるよ。先生も子どもの頃ね……」と、子どもに寄り添ったコミュニケーションもとりやすくなりますね。

好きだった子に「嫌い！」と言われて、本当に人生が終わったと思ったこと（笑）。何のために勉強するのか、意味がわからなかったこと。子ども時代のことをゆっくり思い出してみませんか？

心から共感することができると、子どもたちも、もっともっと心を開いてくれます。私たちが、共感してもらったら、もっとその人に、話をしたくなるように。私たちが心を開いた分だけ、子どもたちも心を開いてくれます。

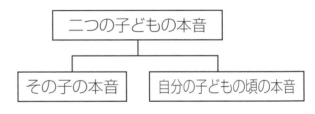

Column Jun

すべてにおいて平均点。中学時代のあだ名は「ミスターアベレージ」。

僕は、自他共に認める「フツウ人間」でした。

「夢なんて、特別な人が叶えるんでしょ」

「特に際立ったものもないフツウ人間の自分なんて、結局、何やらせてもダメでしょ」

やりたいことがあったとしても、やる前からすぐにあきらめてしまう癖が染みついている……。

そんな自分を夢中にさせてくれたのが、コーチングでした。


初めてコーチングと出会ったのは、大学三年生で就職活動をスタートしようかという時期。

大手ＩＴ企業で人材教育などをしていた父が、「これ向いてると思うぞ！　読んでみたら？」と手渡してくれた一冊がコーチングの本だったのです。


僕は人の役に立てる人間になりたかったのです。

子どもっぽい夢ですが、ドラえもんのように、相談に来た人の悩みを解決できる力がほしかった。


それがまさに、コーチングだと思いました。

そしてコーチになるということが僕自身の夢となったのです。

コーチになりたいという夢は僕にとって、生まれて初めて、「本気で叶えたい！」と思った、「希望の光」でした。

2 章

コーチング理論を生かした叱り方のポイント

01 感情的にならない（叱る目的を考える）

学級経営をしていて、思い通りにいかない時や、「なんでそんなことをするんだ！」と思った時、叱りたくなりますよね。そして、叱ってしまい、後悔することもあるかもしれません。けれど大丈夫です。先生と言われようが、大人と言われようが、感情的にはなるものです。私たちはロボットではなく、人間ですからね。

そして、思い返してみてください。最近、叱りたいと思った時、叱ってしまった時のこと。私たちが感情的になる理由、それは私たち一人ひとりに大切にしている想いがあるからなのです。

人は、自分が「当たり前」「常識」と思っていることに対して、反対の行動をとられたり、反論されたりすると、理解に苦しみます。自分とは違うから「なんでそうなの？」と、なかなか受け入れられません。

「叱る」や「感情的になる」という行動は、目的ではなく手段です。この手段を使って、自分の目的（自分の描く理想のクラス）に向かわせようとするコミュニケーションの癖のようなものですね。

子どもの時のことを思い出してみてください。昔から、感情的に叱ってくる大人はいましたよね？　子どもの頃の自分や友達は、そんな大人を見て、どう思っていましたか？

先日、私の主宰する子どもコーチクラブに来てくれている小学生に聞いてみました。

「叱ってばかりいる先生ってどう見える？」

すると、小学校四年生のＨくんが面白いことを言ってくれました。

「先生がなんのために叱っているのかが俺らに伝わってれば、叱るのはいいことだと思うよ！　だってさ、一人のクラスメイトが騒いでいる時に、みんな、心の中で『うるせぇなぁ』って思ってるんだよね。だから、うちらの顔色ばっか見て、そいつを放置しっぱなしの先生を見てると、ガッカリするよね！」

私たちは、叱るという手段を通して、子どもたちをビビらせたいわけでも、コントロールしたいわけでもありません。本当は「よいクラスにしたい！」という目的があるはずなのです。そして、よいクラスというのは、自分にとってのよいクラスではありません。子どもたちを含めて、みんなが「よいクラスだな！」と感じられることです。私たちに想いがあるように、子どもたちにも一人ひとりの想いがあります。金子みすゞさんの言う「みんなちがって、みんないい」。私たち大人が、態度でも示していきたいところですね！

心はホットに！　頭はクールに!!　「叱りたい！」と感情的になりそうな時、なぜこの感情が生まれているのかを一瞬考えてみてください。子どもたちをコントロールしよう！　と思うさらに奥、きっとそこには「本当はこんなクラスにしたいんだ！」「この子はこんなものじゃない！」という、あたたかく熱い想いや目的が、顔を出しているから。叱ってしまって、後悔することもあるかもしれません。けれど、その気持ちに気づくことができたら、順調に目的に向かって進んでいる証拠。あなたは何も悪くない！　いろいろな伝え方の手段はあれど、あなたに優しい気持ちがあるから感情的になる。ただそれだけなのです。

02 過去と未来にも興味をもつ

不適切な行動が多いと、「おい！　いいかげんにしろよ！」と言いたくもなります。実はこれ、子どもにとっては大成功なのです。無意識に、人はなんとかして注目を集めたいと思っているからです。**注目を集めるという目的が、その子にとっては不適切な行動をとるという手段になっている可能性があります。**

もしかしたらその子は、適切なことをしていた時に注目を得られなかったのかもしれません。適切な行動というのは、私たち大人からすれば、「やって当たり前」「できていて当たり前」だからわざわざ注目しません。しかし子どもは、「これでは注目してもらえないんだ！」ということを学び、勇気をくじかれてしまうのです。だからこそ当たり前に思えることにも、「当然」と思わずに、「ありがとう！」を伝えていきたいですね！

「自信がない」と言う子がいたとします。ひょっとしたらその子は、何かをやろうとした時、チャレンジする勇気を失ってしまった可能性があります。「あんたには無理よ！」と言われたことかもしれないし、周りの人がその子の役割を奪ってしまったことかもしれません。その体験から何を学ぶかというと、「自分がやらなくても周りの人がやってくれるんだ！」です。そりゃ、何もやらなくなるし、自信も生まれませんよね！

「夢なんてないよ！」と言う子もいます。言葉だけを鵜呑みにしてしまうと、「何言ってるんだ！」と言いた

くなるかもしれません。しかし、ひょっとしたら「夢を言って、笑われたら嫌だ」「言いふらされたら嫌だ」ということを心の中で思っている可能性もあります。だから言葉として出てくるのが「夢なんてないよ！」。

そう思うと、「叱りたい！」という気持ちよりも、知りたくなります。

私たちにできることはたくさんあります。自信がなく、うまくいかない体験ばかりに注目してしまう子には、うまくいった時のことをたくさん思い出してもらってください。うまくいかなかったことをたくさん話してくれる子は、「そうだったんだね！」と受けとめてあげてください。そして一通り教えてもらった上で、聞いてみてください。「本当はどうしたかった？」って。「本当はこうしたい！」という気持ちは、未来へとつながっていきます。夢を語ってくれたら、そのイメージを一緒にたくさんふくらませましょう！　「絶対これを叶えたい！」そんな、ワクワク感をベースにした具体的なアクションプランへとつながっていきます。私たち大人が、その子の可能性を信じて話をしていくことで、その子はたくさんの宝物を発見することができるのです。コーチが大切にしている価値観があります。それは**「その人以上に、その人の可能性を信じる」**ということ。自分がしてもらえると嬉しい関わり方を意識することが大切ですね。

03 成長のステップを描く（ベイビーステップ　成長曲線）

大人も子どもも「こうしたいんだ！」という目標が見つかると、いきなりそこへ行きたくなります。すると、今の自分とのギャップが大きくなります。

その一方で、「絶対にこの目標を叶えるんだ！」と思った時、「でも無理……高すぎる……やっぱりあきらめよう……」となってしまうことも少なくありません。

そんな時に大切なのが、「ベイビーステップ」という、今日からやりたくなる一歩目を見つけることです。

あきらめそうな時こそ重要なのは、理想の目標から「できていない自分を見つける」ひき算をするのではなく、理想の目標に向けて、「できている！　やってみたい！　を見つける」たし算をしていくことです。

登山をしてみるとよくわかるのですが、だいぶ登ったと思っても、山頂はまだまだ先。くじけそうになることもあります。そんな時は、自分が今まで登ってきた道のりを振り返ってみることです。そして「こんなに登ってきたんだ!!」と、ここまでよくがんばってきた自分を実感することが大切です。

私が以前コーチングをした、当時小学校四年生だった子は言いました。

「苦手な算数のテストで100点をとりたい！　でも自信ないんだ……勉強嫌いだし……」「なんで100点とりたいの？」と聞くと「100点とると、ステーキが食べられるんだ！」

「じゃあさ、100点とるためじゃなくって、おいしいステーキを想像してみて！　どんな気分？」

「うお～!!　超燃えてきた～!!（笑）」

「OK！　じゃあ、ステーキのためにベイビーステップどうする？」

「うん。学校から帰ったら、スマホでゲームをやる！」

「えっ！　どういうこと？　どういうこと？」

「ステーキを焼くスマホのゲームがあってね、それを見てるとステーキが食べたくなるんだ！　これを食べるために！　って思ったら、勉強したくなると思ったんだ（笑）」


目標に向けて、ワクワクできる具体的な一歩。とても大切ですね！　実際に彼は100点をとって、ステーキを食べられました。そして、味をしめてしまい、100点を連発。算数が得意科目に！　ただ問題があったのです。太ってしまったこと……（笑）。その後、彼とのコーチングのテーマが、「ダイエットに関して」になったのは言うまでもないでしょう（笑）。

04 事実、感情を聞く（「思考」「感情」「行動」「結果」を分けて）

大人の見ていないところで、子ども同士がトラブルを起こしてしまうことってありますよね。

そんな時、私たちコーチが大切にしていることは、あくまでも中立の立場であること。そして、本当は何が起こっていたのかがわからないので、名探偵コナンになったような気持ちで、現場検証をしてみることです。

その現場検証の仕方は「思考」「感情」「行動」「結果」を分けて聞いてみるということです。

先生　「先生見てなかったから、どんなことがあったか、教えて!!」

Aくん「消しゴムが落ちて拾おうとしたら、Bくんがぶってきたんだ！」（行動）

Bくん「違うよ！　ぶってない！　Aくんの頭と、僕の頭がぶつかったんだ！」（行動）

先生　「そうなんだ！　Bくん、どんなことが起こってたかもうちょっと教えて！」

Bくん「Aくんの消しゴムが落ちちゃったと思って、僕は拾ってあげようと思ったんだ。

　　そうしたらAくんも拾おうとして、頭がぶつかっちゃったんだよ」（思考）

先生　「そうだったんだね！　Aくん！　ぶつかっちゃった時、どんな気持ちだったの？」（感情）

Aくん「なんでぶつんだ！　と思って、ムカついたんだ！」（感情）

先生　「ムカついたんだね！　それでどうしたの？」（行動）

Aくん「なんでぶつんだ！　って大きな声を出した」（行動）

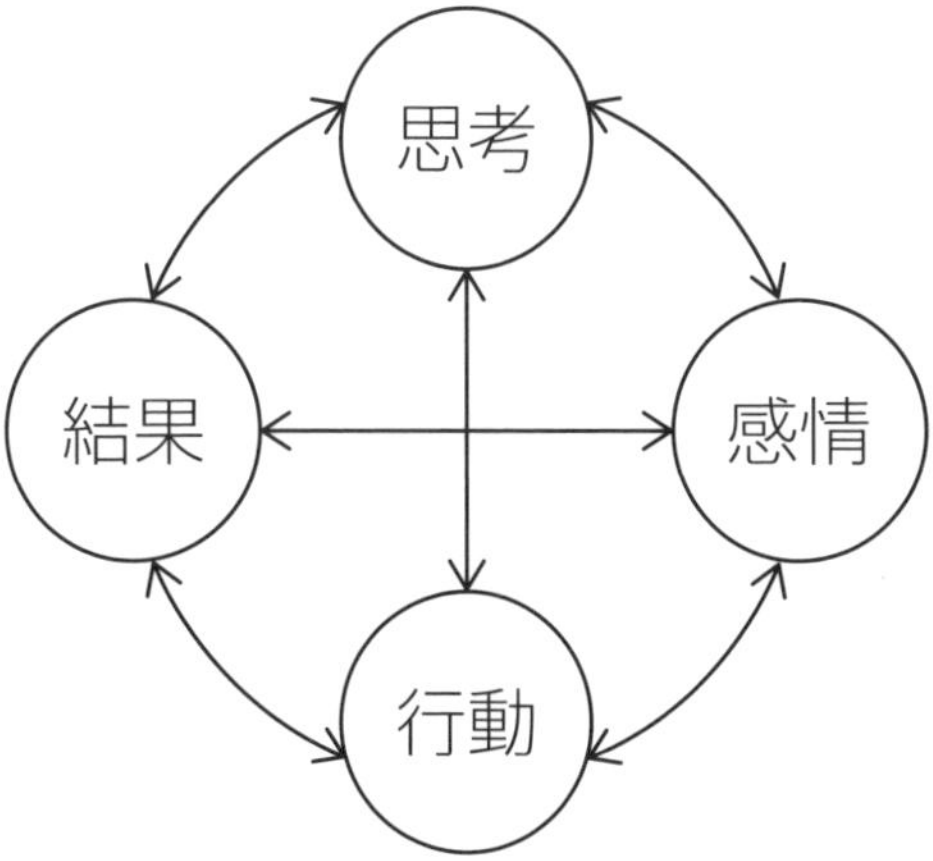

先生「それでどうなったの？」（結果）
Aくん「Bくんとケンカみたいになっちゃった」（結果）
先生「今、二人の話を聞いていると、Aくんが消しゴムを拾おうと思ったら、Bくんの頭が当たっちゃって、Bくんのことが見えなかったから、ぶったと思ったみたいだね」（思考）
Aくん「そうだね。僕、ぶたれたと思って、ムカついちゃったんだ！でも、Bくんも拾おうと思ってくれてたんだと思った」（思考）
先生「Aくん、今、どんな気持ち？」（感情）
Aくん「はずかしい気持ち……」（感情）
先生「どうしたい？」（行動）
Aくん「Bくんに謝りたい。Bくん、本当にごめんね！」

大人が見ていない時にトラブルが起こった場合、「ぶたれた！」と言われたら、その言葉に反応して、「なんでそんなことしたの！」と責めてしまうかもしれません。そうなったら、Aくんは「先生は味方！」と思うかもしれませんが、善意で拾おうとしてくれたBくんの気持ちを傷つけてしまいますよね。だからこそ、現場検証です。名探偵コナンのような気持ちで「思考」「感情」「行動」「結果」を分けて聞いていけるといいですね！　よい練習方法としては、**何かをやろうと思った時、自分自身の「何を考えて（思考）」「どんな気持ちで（感情）」「どんな行動をしたら（行動）」「こうなった（結果）」を振り返ってみること。すごくよいトレーニングになりますね!!**

05 スケーリング

どうしても私たちは二者択一で考えてしまいがちです。

「できた」か「できていない」か、「頭がいい」か「頭が悪い」か、など。

しかし実は、この二者の間には、もっと細かい目もりがあるのです。


コーチのスキルの中に「スケーリング」という考え方があります。

私たち一人ひとりに、10点満点のメーターがあるというようなイメージです。

コーチはこのメーターを用いて話を聞きます。

例えば、分数のわり算が、どうしてもわからないという子どもがいたとします。


「○」か「×」かで学力の評価をすることもできますが、やっぱり、できるようになってほしいですよね。

そこでコーチは聞いてみます
「『完璧にわかってる！』が10点、

『もう頭が噴火して爆発するくらいわからない！』が0点だとしたら今、何点くらいわかってる？」

「1点！」とか「う～ん、2点！　くらい」などと言います。

答えてくれたら、「低っ！」と思わずに、「お～いいね！　いいね～！」と、勇気を出して言ってくれた気持ちに応えてあげてくださいね!!

そして、2点とれている中身を聞いてください。すると、どこまで理解できていて、どこからが理解できていないのかが明確になります。そうしたら、その子にわかるように、ポイントを絞って教えやすくなりますね。

たまに、「0点!」と言う子もいますが、ひるまずに言います。「お～そうなんだね! マイナスじゃない理由は何?」と(笑)

「分数のかけ算まではわかっていたんだけど……」と、教えてくれる場合もあります。

スケーリングの考え方で大切なことは、**目に見えないものを、あえて数値化して、見えるようにしてみる!**ということです。直感的に数値化してみると、その中身が何なのか気になります。

そこから、焦らずに、「できるようになっていること」「わかるようになっていること」を増やしていけばよいのです。「できない!」と言っているのは、「まったくできない!」という意味ではなく、「ここから先がわからなくてできない!」という言葉の省略なのかもしれませんね。

さて、このスケーリングの考え方、10点満点で言うと、何点くらい理解できましたか?

06 ステイトコントロール（縦軸と横軸）

スケーリングの考え方を応用すると、子どもとの関係性をつくることにも生かすことができます。私自身、子どもたちとふれあう時、左の表を意識して関わっています。

縦軸は「子ども性・大人性」、横軸は「男性性・女性性」。

そして、これらの象徴を考えてみましょう。例えば子ども性は「自由・クリエイティブ」、大人性は「信頼・安定感」、男性性は「リーダーシップ・強さ」、女性性は「やわらかさ・安心感」と仮に定義します。

①大人気漫画『ＯＮＥ ＰＩＥＣＥ』の主人公のルフィはこのあたりのイメージですかね。

「行こうぜ〜！」という明るさで仲間を引っぱっていきます。

②女優の天海祐希さんは、ここに入るかもしれませんね。頼りがいのある理想の上司といった感じでしょうか。

「ついてこい！」という言葉に、引っぱっていってくれるような力があります。

③タレントでモデルのローラさんはここにイメージできるかもしれませんね。引っぱっていくというよりも、

「楽しく一緒にやろうよ！」というスタンスで、みんなが集まってきますね。

④ドラえもんに出てくる、しずかちゃんは子どもですが、このイメージが強いかもしれませんね。「大丈夫よ！」の一言で優しく包み込んでくれる。そんな安心感があります。

松岡修造さんやミッキーマウスは男性性・女性性のタイプは違えど、大人性・子ども性の切り替えが上手で

ステイトコントロール

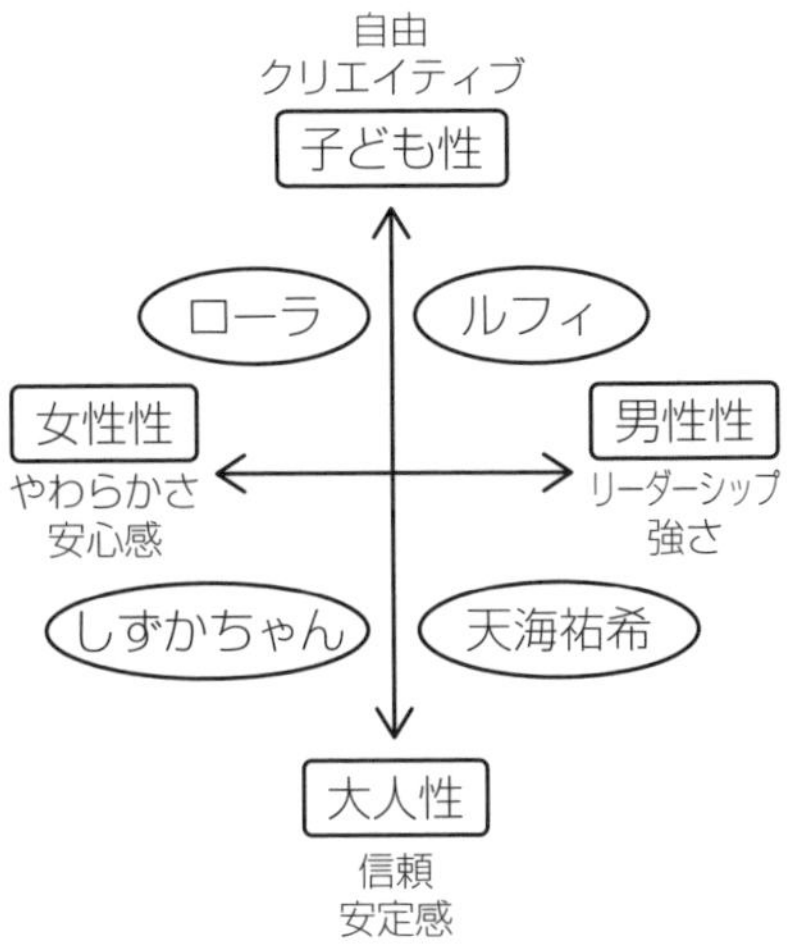

子どもの心を惹きつけますよね。

授業中も子どもたちとコミュニケーションをとる時も、自分でこれらを切り替えられると、すごくメリハリが生まれますね！

もうおわかりのように、子ども性を上げるほど、子どもたちとの距離感が近くなるので「友情」が芽生えます。大人性を上げるほど、子どもたちから見ると頼りになる存在になるので「信頼」が芽生えます。

その一方で、大人が子ども性を高くしすぎると、「なめられてしまう」可能性もあります。そして大人が大人性を高いままにしすぎると、「怖い・相談しにくい・つまらない」と感じてしまうこともあるかもしれません。

だからこそ、クラスがうまくいかないと感じる時、「自分は今、どのあたりにいるかな？」と俯瞰してみることが大事です。大人性を上げてみるのもいいですね！　そして、クラスがよい方向に行くために、男性性を強く出すとよいか、女性性を強く出すとよいか、私たちが選択できるのです。

クラスの雰囲気は、私たちのステイト（状態）の何かを変えることで大きく変わっていきます。一般的には、意見をまとめたい時は、大人性を上げることをオススメします。自由な発言を求めたい時は、私たちが子ども性を上げて、発言しやすい空気感をつくることをオススメしています。テレビを見る時「この人にはなぜこんなに惹きつけられるのかな？」という視点で見てみると、アニメでもバラエティでもすごく勉強になりますよね!!

07 大きい質問　小さい質問

質問には、大きく分けて二種類あります。【大きい質問】と【小さい質問】です。

【大きい質問】とは、ＹＥＳ／ＮＯでは答えられない質問です。コーチングではオープンクエスチョン（開かれた質問）とも言われています。

【小さい質問】とは、ＹＥＳ／ＮＯ、好き／嫌いなどで答えられる質問です。コーチングではクローズドクエスチョン（閉じた質問）とも言われています。

この二つの質問を時と場合によって使い分けられると、子どもたちへの大きな効果が生まれます。

例えば、お母さんは学校から帰ってきたお子さんに、よくこのような質問をします。「今日どうだった？」これはなんとでも答えられる質問ですよね。だからこれは【大きい質問】です。

このような時、大人は「今日はこんなことがあってさ～」と、１日のことを振り返って、なんとか答えようとしてくれるのではないでしょうか。しかし、この質問をすると、少なくない子どもが「べつに……」「まぁまぁ……」「普通……」と言います。

このお悩みをもっていた小学校四年生の女の子がいるお母さんに、アドバイスをしたことがあります。

「小さい質問を最初にして、最後に大きな質問をしてみてください」

すると大きな変化があったとご連絡をいただきました。

母「今日は体育の授業何だったの？」子「サッカーだよ！」母「へ～サッカーだったんだ！　楽しかった？」子「うん。楽しかったよ！」母「いいね～。誰が点入れたの？」子「うふふ。実は、私も点入れたんだ～」母「え～ほんと～！　やったじゃん!!」子「うん。みんなが、ナイス！　って言ってくれて嬉しかった」母「そういえば今日は給食、春雨スープだったんだよね！　おいしかった？」子「うん。すごくおいしくておかわりしちゃった」母「いっぱい食べてくれて、ママも嬉しいな！（ニコニコ）」

そして最後に大きい質問をします。

母「今日は学校どうだった？」

子「点も入れたし、みんなとも仲良くなれたし、給食もおいしかったし、最高の1日だったよ」

大きい質問をすると、なんとでも答えられるので、とてもよいのですが、答えに困ってしまうこともあります。小さい質問をすると、大して考えなくてもすぐに答えられるので、一つ一つをゆっくりと振り返ることができます。

質問の順番を入れ替えるだけで、「まぁまぁ」な1日を「最高の1日だった」と振り返ることもできます。二つの質問の使い分けで、「また明日も学校楽しみだな」という気持ちにもなります。少し質問の仕方を意識して、子どもたちの話に耳を傾けてみると、とても面白いですよ!!

08 Ｉメッセージ・ＹＯＵメッセージ（正論ではなく意見として言う）

ある時、先生からこのようなご相談をいただきました。

「『よいところをほめよう！』と思って、『えらいねぇ～』と伝えたんです。すると子どもは『うるせぇ！』と言って、へそを曲げて行ってしまったんです。よかれと思って伝えたのですが……」

先生には、逆の立場で「えらいねぇ～」という言葉を聞いてもらいました。すると先生は思いました。

「そうやって上から評価するなよ!!」

実は「えらいねぇ～」という言葉には、主語は見えないのですが「あなたは」という言葉が含まれています。

「（あなたは）えらいねぇ～」主語に「あなた」がついているメッセージをＹＯＵメッセージと言います。

ＹＯＵメッセージには、伝える側の評価判断が含まれていて、伝えられる方は、ジャッジされているように感じることがあります。

そんな時、評価判断する側・される側ではなく、自分の思っていることを伝えるよい方法があります。

それがＩメッセージです。Ｉメッセージは、主語に「私は」という言葉が含まれているのが特徴です。

先ほどの先生に聞きました。

原　「なぜ『えらいな～』と思ったのですか？」

するとと先生は言いました。

先生「私が何も言わなくても、ゴミを拾って、ゴミ箱に捨ててくれたんです」
原「なるほど〜。その姿を見て、どんな気持ちになりましたか？」
先生「すごく感動して嬉しい気持ちになりました」
原「それは感動ですね！　では、こんな感じで伝えられたら、どのような気持ちになりますか？」
原「ゴミを捨ててくれてありがとう！　何も言わなくても捨ててくれて、先生嬉しくって、感動しちゃった！」
先生「これは嬉しいですね!!」

Ｉメッセージの型はこうなっています。

【その子のやってくれたこと＋私の気持ち】

その光景を見て、自分はこんな気持ちになったということなので、そのことに関して、否定しようがないんです。自分はそう思っちゃったんですからね。

そして応用して伝えにくいことを伝える時は、以下のようなＩメッセージを考えてみてください。

【その子のやってくれたこと＋私の気持ち＋リクエスト（私のメッセージで）】

例えば、

「先生の大切にしてたチョークを折られちゃって、すごく悲しかったんだ。わざとじゃないと思うんだけど、一言、君のよいタイミングで『ごめんなさい』って言ってもらえると、先生は嬉しいな！　いつでも待ってるからね！」

09 Yes, and

ここでは三種類のコミュニケーションをご紹介します。

①Noのコミュニケーション　②Yes, butのコミュニケーション　③Yes, andのコミュニケーション　です。それぞれの違いについて、つくり話をしてみますね。桃太郎が、悪さをする鬼を退治しに鬼ヶ島へ向かいました。そこでもしも、桃太郎と鬼がやりとりをしていたら、というお話です。

①Noのコミュニケーションの場合（相手の言い分を受け入れない。問答無用でNoを言う）

鬼「桃太郎さん。私には子どももおります。どうか、お助けくだせぇ」
桃「そんなこと知ったことか！　畑を荒らされて困ってるんだ！　やっつけてやる！　とぉ!!」
鬼「そんなぁ……」

②Yes, butのコミュニケーションの場合（相手の気持ちを受け入れつつも、自分の考えを押し通す）

鬼「桃太郎さん。私には子どももおります。どうか、お助けくだせぇ」
桃「なるほど～。そうだったのか。でも、畑を荒らすのは許さん！　やっつけてやる！　とぉ!!」
鬼「いい人だと思ったのにぃ……この鬼～……」

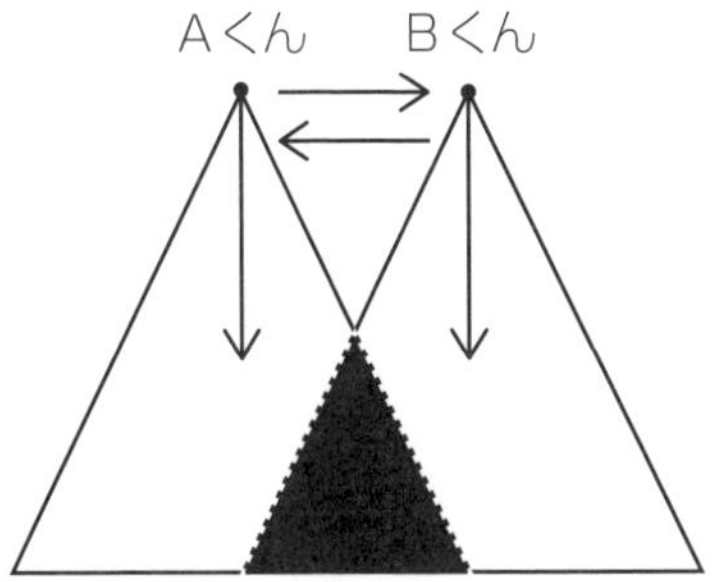

表面上でくい違うことも
気持ちを深く掘り下げればわかり合える

三種類のコミュニケーション

①No
「でもさー」「だけどさー」
②Yes, but
「いいね！　だけど……」
③Yes, and
「いいねー！　そして……」

③Yes, andのコミュニケーションの場合（否定せずに相手の気持ちと、自分の気持ちをテーブルの上に出す）

鬼「桃太郎さん。私には子どももおります。どうか、お助けくだせぇ」
桃「そうだったのか……子どもに食べさせないといけないもんな！」
鬼「ごらんの通り、鬼ヶ島は草木が育ちません。人間も、私たち鬼を見ると怖がります。だから畑のお野菜をとってしまったのです」
桃（Yes, and）「そうか〜。それはつらい思いをさせたな〜。そして、私たちも勝手にとられて困っているんだ。お互いにとってよい解決策があるか、一緒に考えてみないか？」
鬼「はい！　ぜひ……（桃太郎さん……ありがとう……）」

自分の意見や考え、価値観と相反する人がいた時、私たちはつい、否定したくなります。金子みすゞさんの詩にもある「みんなちがって、みんないい」という考えを大切にする時だと思っています。人はそれぞれ育ってきた環境も違えば、経験してきたことも、まったく異なります。だからこそ、いろいろな意見があって面白いのかもしれませんね。お互いの意見・本音をまずテーブルの上に出す。すべての議論はそこから始まるのではないでしょうか。表面上ですれ違うことはあっても、必ず深い部分で共有し合えると私たちコーチは信じています。

10 フューチャーペーシング

「思考は現実化する」という言葉を聞いたことがありますか？
人間の潜在意識というか、思い込みというのは不思議なもので、未来の自分を予言してしまうのです。
例えば「どうせ自分は平凡だから、係長どまりかな！」そう思って毎日を過ごして定年を迎えます。そして振り返ると「ほら、やっぱり係長だった」と、予言通りになります。

なぜだと思います？　それは自分で係長という目標を設定し、係長になる分だけの努力しかしないからです。

同じように、「日本一になりたい！」という人がいます。ところが「日本一を目標にしていると、日本一にはなれない」と言われています。その理由は、世の中には世界一になるために広い視野と圧倒的な行動力で動いている人がいるから、「日本一」は通過点になってしまうのです。

ペーシングには、「合わせる」という意味があります。フューチャーは「未来」ですよね。二つあわせると「フューチャーペーシング」。つまりは**「未来の自分として今から生き始める」**ということです。

以前コーチングをしていた子に、勉強嫌いの小学校五年生の女の子がいました。彼女には将来、かわいい雑貨屋さんを開くという夢があったのです。そして彼女は夢の話をふくらませていくと「輸入雑貨がいいから、英語の勉強が必要なんだ！」と気づき、お母さんに英語を学びたいと言いました。そして、雑貨屋さんを開くにはお金が必要！　そこでまた新たな気づきを得ます。「テストで100点をとるとママが50円くれるの！」そう言って、彼女は勉強するようになっていったのです。勉強のための勉強ではなく、理想の雑貨屋さんにするため、なるための勉強がスタートしました。

「木材はどこで仕入れよう？　あっ！　友達のお父さんが北海道で木を切ってた！」と、未来に向けて毎日を楽しむようになったのです。当然成績も上がります。勉強をする理由も明確です！

彼女は、「雑貨屋さんのオーナーとして、今、何ができる？」と考え、勉強の一つ一つに前のめりになっていったのです。

普段ふれあう子たち。できる子も、自信のない子もいると思います。とはいえ、未来の可能性は無限大です！

彼女は言ってくれました。「夢を叶えるために勉強するんじゃなくて、夢があるから勉強したくなるんだね！」

さあ、明日、子どもたちに会った時、「この子にはどんな可能性があるかな？」と想像してみましょう。ワクワクしませんか？　未来を大きく変える子が、私たちの目の前にいるのですから!!

11 ストーリーテリング（比喩・メタファー）

子どもたちは物語が好きです。ストーリーを話すことで、その世界に引き込まれ、教訓を素直に受け取りやすくなります。子どもに、「チャレンジすること・あきらめないことの大切さ」を伝えたい時、「いいか！　チャレンジすることが大切なんだ！」と言っても、正論なのですが「伝わりにくい」です。

私はチャレンジの大切さを伝えたい時、よく『ノミ』のストーリーテリングをします。

「みんな、ノミって知ってる??　うん。そうそう。お父さんがよく行くやつね〜」

「……って違うわ〜」と、ひと笑いさせて、

「ペットにくっついていたりする、小さな虫ね。実は僕ね、ノミのことをすごく尊敬しているんだ！　聞いた話なんだけど、ノミってこんなに小さいのに、すんごいジャンプ力なんだって！　ノミを人間の大きさにしたら、東京タワーをボーンと越えちゃうくらい跳んでるらしいよ！

さあクイズです。そんなジャンプ力のすごいノミに1日コップをかぶせておきました。次の日にコップをとったら、ノミはどうなっているでしょう?

『答えは、そのコップの高さまでしか跳べなくなった』です。

さあここでまたクイズ。なぜコップをとったのに、そこまでしか跳べなくなったのでしょうか?」

「『答えは、自分で限界を決めてしまったから』

ノミは本当は高く跳べるのに、あきらめてしまったんだ。だけどね、これは、ノミだけの話じゃないんだ。僕たち人間もそうなんだよ。

みんなには、本当はすごい高さまで跳べる力があるの。だけど、このくらいまでしか行けないかな？　と決めたら、本当にその高さか、それ以下の高さまでしか行かない。人から言われて無理だと思ってしまうこともあるかもしれないけれど、最後に決めるのは自分だよ。

（そして最も伝えたいことを言います）

だから、自分で勝手に限界を決めないでほしい。今、心の中で思っている夢とかを大切にしてほしいんだ。僕は、どんなことがあっても、君たちのことを応援するからね。君たちの可能性を信じています」


いかがでしたか？　ストーリーを語ることで、自分が最も伝えたいことを伝えること。

子どもたちがアニメの主人公の言葉に感動し、突き動かされるのは、ストーリーの世界に入り、想いに共鳴するから。大人が子どもの見ているアニメを見るというのは、私たちの言いたいことを主人公などの言葉を借りて子どもに伝える上でも、とてもよい方法ですね！

12 体験談を語る（自己開示）

私たち大人は役割的にも、子どもに対して「教える」ということが多くなってきます。算数を教えたり、国語を教えたり。これから子どもたちが生きていく上で「教える」ということはとても大切なことですよね。

そして、大人は「聞きたがります」……「Aくんの夢は何？」という具合に。

今から話すのは、おはずかしい話ですが、自分自身の失敗談です。というか、子どもに教えてもらった大切な気づきです。

私はコーチという仕事をしているため、つい聞きたくなってしまいます。「どんな夢をもっているの？」って。

その質問をある日、Hくんにしました。すると彼は言うのです。「まただよ」って。

私が「え？　どういうこと？」と聞くと、彼は教えてくれました。

「なんで大人は子どもにばかり、夢を聞いて、大人は夢を言わないの？」

私は「本当にその通りだな！」と思い、いたく反省しました。そして、子どもに求めることを大人である自分がやっていなかったことに、気づかせてもらいました。

その日以来、私は聞く順番を変えたのです。①自己開示　②聞く　という流れに。

「俺ね、小学生の頃、ミッキーマウスになりたいと思ってたんだよね！　なんかさ、すごいかっこいいじゃん！　今でもミッキーになりたいと思ってるんだ!!　ちなみに、Hくんって、将来やってみたいこととかあるの？」

Hくんは「えっ！　ミッキーになりたかったの？　子どもっぽいね～」なんて笑いながらも、楽しそうにしっかり聞いてくれたんです（笑）。そして、「俺はね、獣医になりたいんだ」と言ってくれたのです。

この経験を通して私は学びました。**「自分が心を開いた分だけ、子どもも心を開いてくれる」**と。

自分の話ばかりをするのが目的ではないですよ！　自分の失敗談や、子どもの頃のこと、最近悩んでいることを話すこと。その目的は何か。

それは子どもに「こんなことを話してもいいんだ！」というOKを出すことです。完璧な大人ほど、子どもたちは相談しにくいのですね。

私が小学生の頃、担任の先生が「うちの子がこの前ね……」と、たくさんプライベートの話をしてくれました。当時の私は、「先生は何でも知っていて、完璧な人」という風に思っていたので、先生がしてくれた人間くさい話や七転八倒している話が、先生と私たちとの距離を近いものにしてくれたことを今でも覚えています。

その話が面白かったり、子どもが共感できたりするほど、「先生の話を聞く」ということへのマインドセットができて、授業も進めやすくなりますね。

Column Jun

僕が小学校三年生の頃、友達がお父さんの仕事の都合で、転校することになりました。

「大人になってもずっと友達だよ！」「一緒に夢を叶えようね！」と、語り合った親友。

それから6か月後。まさかあんなことが起こるなんて、夢にも思いませんでした。

書いても書いても、待っても待っても、返ってこない手紙。

心配してかけた電話。受話器の奥で聞こえたのは、彼のお母さんの泣きながら伝えてくれた声だけ。


「じゅんくん、実はうちの子、こっちの学校に来てね、ずっといじめにあってたの……。

東京モンが来た。言葉が違うヤツが来た。でかいヤツが来た。ただそれだけで、いじめにあってたの。

それでね、この前、それがつらくてつらくって、自殺しちゃったのよ……」


僕は信じることができませんでした。相談すらしてもらえない自分に腹が立ちました。

そして何よりも、「俺の大切な友達をいじめたヤツ、絶対に許せない」と思ってしまったものです。

そんな僕でしたが、コーチングを学び、思ったのです。「いじめてしまった子も、小学校三年生だよな」と。

もし、小学生のうちから、よいコミュニケーションのベースを身につけることができたら……。

「そうしたらいじめや自殺もなくなるかもしれない!!」「子どもたちのことを助けられるかもしれない！」

そんな想いで立ち上げたのが【子どもコーチクラブ】。

一生役に立つコミュニケーション能力を学ぶ、小学生のためのコーチングスクールです。

3 章

叱り方の
基本の「キ」

01「叱る」とは

いきなりですが、「叱る」とはどういうことなのでしょう。

難しいですね。

難しい時は、すぐ国語辞典に頼ってしまいます。国語辞典には、**「目下の者の言動のよくない点などを指摘して、強くとがめる」**と書いてあります。

ふむふむ。この定義からしても、叱るということに関して、人はよくないイメージをもっていることがわかります。

「叱りたくはないけれど、叱ってしまう」
「叱りたくはないけれど、叱らないといけない」

そんなことを考えている人も多いのではないでしょうか。

国語辞典の意味もそうですが、「叱る」ということは、**上からの一方通行の言語活動**になりがちです。

例えば、のぼってはいけないところにのぼっている子を見たとしましょう。悪いことですから、当然叱ります。

「そこにのぼってはいけませんよ！」

多くの人はこれしか伝えません。何度も繰り返すような子、いつも素行が悪い子などには、

「なんでそこにのぼるの！」

「何回注意されているの！」

「ほんとわからない子ね」

など、どんどん叱る言葉が強くなってしまうのではないでしょうか。

こんな叱り方だと、子どもはどんなことを思うでしょうか。

「自分は悪い子なんだ」か、「この先生の言うことはききたくない」の二つしかないでしょう。

しかし、私も教師なので、こう怒りたい気持ちはよーくわかります。

では、そこにどんな言葉をつけ加えればよいでしょう。私はこう伝えます。

「そこにのぼったら、けがをするから、先生は心配なんだ」

どんな印象を受けるでしょうか。「そんな甘い言い方だとまた繰り返すんじゃないか」と思われがちですが、これは１・２章で書かれていた、Ｉメッセージ、勇気づけを意識した言葉なので、このような言葉の積み重ねで、自分で考え正しい行動がとれる子になっていきます。だから、叱らない技術が大事なのです。これから一緒に、子どもたちも私たちもワクワクするような叱り方を、考えていきましょう！

02 叱る前に心がけたいこと

叱る前に心がけたいこと。それはこの一言につきます。

「自分がそのメッセージを伝えられて怒られたらどんな気持ちになるのか」

つまり**相手の気持ちになって考える**ってことですね。当たり前なのですが、なかなかできていないことなのです。

なぜかって?

それは私たち教師は子どもと縦の関係の方がつくりやすく、「こうあるべき」という気持ちが先に立つからです。

若い教師には子ども性があります。指導技術がなくても好かれている教師も多いでしょう。

しかし、指導技術のなさによりだんだん子どもたちが話を聞かなくなります。

そこで友達ではダメだと考えます。厳しく叱ります。叱り方が優しいからダメなんだと勘違いして声を張り上げて叱ります。

このギャップに、子どもたちは反感を抱き、さらに教師の話を聞かなくなっていきます。

信頼や愛情がないと、子どもたちは教師に裏切られたと感じます。裏切られたと思った子は、ますます話を聞かなくなります。教師は、その不適切な行動をもっと直そうと大きな声をあげます。まったく伝わらないという負のサイクルに入っていきます（あー数年前の自分を見ているようで心が痛いです）。

叱ることで子どもをコントロールしようと考えているのであれば、その叱り方はすべてよくありません。

「叱る＝愛情」です。その子によくなってほしいという気持ちがあるから叱るのです。誰もがその気持ちをもっているにもかかわらず、伝える技術を学んできていません。以前、私もそうでした。ただ叱ることで、教師のせいで子どもたちの悪い行動を増やしてはいけないのです。

愛情が伝わらない。そのうち愛情もなくなってきて、次の4月まであと何日か考えてしまうようになります。

叱る前に、深呼吸。その次は、

「大好きだよ。大好きだよ。大好きだよ」

って心の中で三回。その後叱るようにしています。お互いに

「よい叱り」

にしたいですね。

03 叱っている時に心がけたいこと

叱っている時に心がけたいこと。ずばり……

「いかに冷静になるか」

でしょう。

もちろん、叱っている時に大声で怒鳴っているのか、静かに諭しているのかでも大きく違います。私もよくあるのですが、叱る時は、「叱る前に心がけたいこと」（56ページ）ができていないケースが多いです。

今、叱っているから後に引けないこと、よくありますよね。

なんか後に引けないけれど、引けない理由がわからない。

そう！　引けない理由なんてないのです。

だから、引いてみましょう。引いた方がきっとお互いにプラスになるはずです。引いたら、少し黙ります。黙ると、相手は、「先生は何を考えているのだろう」と考え出し、「僕の何がいけなかったのだろう」と考え始めます。間って大切ですね。その間に教師である私たちは今までのことを振り返って、

「僕はこういうことを伝えたかった」

ということをしっかり考えましょう。そこで、一言

「ごめんね」

とつけ加えてあげましょう。

大人が謝っていけないことはありません。

「大人が謝ったら、子どもは図にのるだけだ」

とお考えの人もいるかもしれませんが、まったくそんなことはないのです。要は謝り方が大事。言葉だけでなく、心から謝っているかですね。

「話を聞いてもらえなくて、感情的に怒ってごめんね。でも大事なことだから聞いてほしかったんだ」

「君なら、しっかり聞くことができると思っていたから伝えたんだ」


「どういう風に伝えればよかったかな?」

「どう言ってもらえたら嬉しかった?」

「怒らずに、私の考えを聞いてほしかった」

このように話していくと、教師と子どもという縦の関係が、横の関係になっていき、協働関係が生まれてきます。協働関係が生まれてきたと思ったら、なぜ悪いことをしてしまったのか聞けるチャンスです。

「なぜ、並ばずに話していたの?」

「だって○○ちゃんが後ろでいつも小さな声でいじわるなことを言うの」

「それが嫌だったんだね。教えてくれてありがとう」

意外と原因は叱っていることではないことが多いです。冷静になりましょう。冷静に。

04 叱った後に心がけたいこと

叱る前も、叱っている時もこの書き方で書き始めたので、叱った後に心がけたいこともこんな書き方にしますね（笑）。ここが一番大事だと私は思っています。これです!!

「叱ってしまった自分を責めない」
「叱った原因を追究しない」

あ、二言になってしまった（笑）。けれど、私がこの本で伝えたいことはこの2ページにつきるかもしれません。

教育活動をしていれば、叱らなければいけないことが毎日起こります。

そのたびに、教師は親身になって話を聞き、被害者を励まし、加害者を叱ります。毎日起きていることですから、今日はよい叱り方ができたと思う日もあれば、うまくいかなかったと思う日もあるわけです。

教育は積み重ねです。毎日穏やかに叱れるわけではありません。

うまく叱れなかったなと落ち込んだり、何も悪くないクラスのみんなに嫌な思いをさせちゃったなーと思ったりすることもたびたびあります。

しかし、教師が落ち込んでしまっては、

落ち込む→悪いことが起きる→叱る（もしくは叱るタイミングを逃す）→悪いことが起きる

という、負のサイクルが続いていってしまいます。

大事なことは、「叱った自分を責めないこと」。

なんか落ち込んでしまった時は、コンビニのシュークリームを買って帰るか、ビールをいつもより高いビールにしてあげる、いつもより早く帰る・寝るなど、自分にプチごほうびになることをしてあげてください。

教師も人、子どもも人。教師が不機嫌なことに、子どもたちは大人以上に気づきます。教師が不機嫌な状態で授業をしても、きっとさらに問題が起きるでしょう。そうすると、またまた負のサイクルに入ってしまうわけです。

ニコニコしている彼女（彼氏）と怒っている彼女（彼氏）どっちがいいかなんて聞くまでもありませんね。

子どもたちにとって、教師はそういう存在です。そのため、

「相手の心を動かそうとするのではなく、自分の心を大切にすること」

が大事です。

毎日子どものことを一番に考える先生たちだからこそ、自分のことをもっと大切にしてくださいね。

05 叱り方の原則

〈原則1〉叱ることを言葉に頼らない

人間が言語から獲得する情報は約7パーセントです。小学生であれば、きっともっと低くなることでしょう。

「なんで、さっき言ったのに、この子はできないの?」

とは、私はなりません。

「あ、そういえば、さっきは言葉だけで指示をしてしまったな。できなくて当然だな」

と考えます。それなのに、できている時もあります。そうすると、

「あれ。言葉で伝えただけなのに、みんなできている。このクラスの子は天才ばかりだな」

と本気で思います。心の底からほめることができます。叱らない技術とは、相手ではなく、自分の心の方に関係するようです。

〈原則2〉自分で考えた答えを言える環境をつくる

問題行動があって加害者を呼ぶ時に、大事にしていることがあります。

まずは、事実を確認します。こっちがどんなに知っていても、加害者の口から話をさせてあげることを大切にしています（自分が知っている情報と違っていても、イライラしないようにします。子どもですから自分を守るために嘘はついてしまうものです）。

ここからが大事。どんな悪いことでも、相手の気持ちにどっぷり共感します。

「それはやってはいけないことだけれども、やりたくなってしまう気持ちは先生にもわかるよ。先生も子どもの頃こんなことがあってね（子どもの頃の経験か、相手の立場にどっぷりつかった話をします）」

ある程度話して、加害者の表情がゆるんだらすぐ、

「で、どうしたい？」

とニュートラルに聞きます。

ここで「謝りなさい！」というオーラを出す教師が多いです。

それでは、ただ言わせているだけです。加害者の子自身の言葉ではなくなってしまいますね。

「で、どうしたい？」と聞くと、ほとんどの子が「謝りたい」と言います。

自分で考えた答えこそ、子どもの心に一番響くと思います。

〈原則3〉頭ごなしに叱ることの効果は単発的

この本は「叱らない技術」という本ですが、私たちが主張したいことは、叱ってはいけないということではありません。

感情的に叱ることが有効でない場面が多く、それを的確に叱ることができれば、教師も子どももより幸せになれるということです。

では、感情的に怒鳴っていい場面はどんな場面でしょう。まず、「今、危険だ！」という時には大変有効です。「今のは危険だと思うよ」なんて言っている間にけがをしてしまってはいけないからです。

それ以外は……。思いつきません。

「え！　何度も言うことをきかない時はどうですか？」

「『おまえ、気持ち悪い』『さわるなよ。菌がうつる』など相手の人権を侵害している場合は怒鳴って叱らないとダメでしょ」

なーんて声が聞こえてきそうです。このような場合は私も怒鳴って叱ってしまうことが多いですが、それでも、怒鳴らずコーチングを用いて諭しながら叱った方が有効であると思います。

感情的に怒られた場面を想像してください。

怒られている方はとても嫌ですよね。それは自分がどんなに悪いことをした時も同じような気持ちです。

「あんなことしなければよかった」「早く終わらないかな」

感情的に怒ってその子がその問題行動をしなくなったとします。しなくなった理由は何ですか。感情的に怒る叱り方が正しかったからですか。

違います。

それは、そんな風に怒られたくないからです。

そういう理由でしなくなった子は、違う担任になるとします。または、怒られるのに慣れてしまい、その担任の言うことをきかなくなります。いずれは学級崩壊へ……となると、教師の誰もが近い体験をしたことがあるのではないでしょうか。

教師は何度も言っていることを守らないと頭ごなしに叱る傾向があります。
私もそうです。それをやめられなくても、やめようと意識するだけで、頭ごなしに叱る回数は格段に少なくなります。

しかし、教師も人。
怒鳴って叱ることは、自分のストレスやイライラを解決するためには有効だと考えます。だから、怒鳴ってしまった自分を責める必要はないのです。
また、「怒っているのはなぜだろう。なぜそんなことしてしまうのだろう」というように、その子に興味をもつ姿勢が必要です。興味をもつことによって、その子のできていないことではなく、できていることに目が向くようになっていきます。

叱る＝怖い、叱る＝威厳がある、ではありません。若い教師こそ、怒鳴るのではない叱り方を使えれば、相乗効果でクラスはよくなっていきます。

06 低学年と高学年の叱り方の違い

私は低学年の担任の経験が数回しかないのですが、一年生の目の輝きには、心が洗われるような気持ちになります。そんな天使のような一年生ですが、なんの悪気もなく、いけないことをします。そんな時どうしたらよいでしょうか。

低学年のキーポイントは、「生活経験が少ない」ということです。つまり、大人が言うことは正しいと考えやすいということです。

素直だからこそ、先生の言うことは守らなくてはいけない。守ろうとは思うけれど、できない。先生には、「何度言ったらわかるの!!」と怒られる。

そんな時、子どもの頭の中はどうなっているのでしょう。

「自分はダメな子なんだ」「先生ごめんなさい」

叱るのは、相手をよりよくするため。叱ることでよりよくならないのであれば、叱る必要はありません。特に低学年は「もっと早く食べなさい」「時間通りに着替えましょう」この辺のことは、叱っただけではできないのです。

みなさんにも苦手なことがあると思います。私は返事をするのが苦手です。聞いていたのだけれども、別のことを考えていて怒られるなんて日常茶飯事。

でも直らないのです。直す気はあるのですよ。でも何回も言われているうちにイライラしてきます。逆切れ

ですね（笑）

ここで大切なことは「比較する視点」です。私たちはどうしても周りの子とその子を比較してしまいがちです。「比較すると遅いから直したい→叱る」といった流れでしょうか。その負の連鎖を取り除きたいです。そのために、比較する対象を昨日のその子にします。少しでもできていればほめる。それが周りの子より遅くてもです。基本的に人間は1日で変わりません。ほんと？　いやいや一年生はほめられ方ですぐ変わります。そうすることで、その子に興味をもち、その子のよいところをたくさん見つけられそうですね。

高学年も基本的には一緒ですが、背伸びをしたり、反抗したりしたい年頃。

「大人が言うことより、自分の方が正しいと判断することがある」というのが大きな違いでしょうか。

大事なことは、**教師と子どもではなく、人と人として接すること。**

悪いことはいけない。けれど、その裏にはそれをしてしまった理由があるはずです。

「いつもあいつがいじわるしてきていた」「家でお母さんとケンカした」「学校というもの自体に悲観的」。

毎日の行動を見て、その子が何を考えていてどうして叱られることをしたのか一緒に考えましょう。自分の気持ち100パーセントだった低学年から、周りを気にする高学年。視野が広がります。脳の構造的にも転換期です。周りからどう見られているのか気にする年頃です。

周りからどう見られているのか気にしているのに、みんなの前で教師から怒鳴られたら……。たとえ教師の言っていることが100パーセント正しくても、子どもが教師に嫌悪感をもつのは明白です。発達段階に応じて、ともによい気持ちになる叱り方を考えていきたいものです。

Column Hiroyuki

じゅんさんに教えてもらったアクティビティの中で、私が一番好きで、学級でよくやるものを紹介します。その名は、「もしもまほうがつかえたら」ゲーム！

①二人組になります。
②一人が「もしもまほうがつかえたら、○○になりたい」と言います。
③聞いている人は、笑顔で、相手の目を見て、「いいね！」と両手を向けながら言います。
④もう一人が「もしもまほうがつかえたら、○○したい！」と言います。
⑤同じように「いいね！」と言い返します。
⑥最後に二人笑顔でハイタッチ、もしくはハグをして、別のペアをつくります。

低学年でできても、高学年じゃ無理でしょ……と思われた方！ぜひやってみてください。子どもたちの純粋な一面にほっこりできます。そのためには、もちろんそれまでの学級経営や、教師が恥を捨てなりきることが大切です。

4章

日常の問題場面での叱らない技術

01 あいさつをしない時

さて、この章からは、具体的な叱らない技術について書かせていただきます。あくまでコーチングを使った理想の叱り方です。私もできていないことがたくさんありますから、気軽に読み進めていってくださいね。

最初の事例は「あいさつをしない時」です。この時、

「なんであいさつをしないんだ!」「あいさつをしなさい!」

という叱り方ではまったく意味がないことは、ここまでお読みいただいているみなさんならよくわかっていただいているかと思います。あいさつをしないのには必ず理由があり、注意する大人にもあいさつをしてほしい理由があります。では、あいさつをしない理由って何が考えられますか。

・あいさつなんてしたって意味がないさ
・朝お母さんに怒られて、あいさつなんてしたくないの
・Aちゃんに会いたくないな。学校行きたくない
・昨日寝るの遅かったから眠いな

こんな風に思っている子に「あいさつをしなさい!」なんて言っても意味ないですよね。それでも言ってしまう気持ちも、よーくわかりますけどね。もちろん、理由によって対処の仕方は違いますが、コーチングをも

とにすると、「答えは、相手の中にあるもの」なので、それを引き出していきたいと思います。どの子も、今の自分の状態を10点満点で点数化すると低い点数です。そんな子たちには、「どうしたの？」と聞きます。

「どうしたの？」

「……」

「普段はもっと元気にあいさつしてるじゃない？」

「先生もそんなことよくあるなー。なんかあったら話してくれる？」

これで話してくれればそれでよいですね。話してくれない子には、

「そうだよね。まだ話したくないよね。そんな気持ちもよくわかるよ。何か話したくなったらいつでも話しかけてね」

と無理に話さず、様子をみていきます。日によって少しでもよくなった日はすぐ認めます。

「お、いつもより表情が明るいじゃない」

「昨日Aちゃんに手紙を渡しておいてくれたんだってな。ありがとう」

できないことに目を向ける「原因論」ではなく、どうなってほしいかという「目的論」で考えます。あいさつをしてほしいのではなく、学校に楽しく来てほしいということが目的。その中で、あいさつをするとよい気持ちになれるということを伝えていきたいです。

【先生からの先手のあいさつ＋一言】。この一言をつけ加えるだけでなれあいのあいさつから、脱却できますね!!「おはよう！　今日も来てくれてありがとう！」愛がこもる感じがしませんか？

02 子どもが返事をしない時

返事をしない理由って何があるでしょうか。

・その前に嫌なことがあった
・声をかけた先生が嫌い
・聞こえていなかっただけ

実は「聞こえていなかっただけ」ということがあるにもかかわらず、「なんでAさん返事しないの！」と、私たち教師は、叱ってしまいがちですね。

私たちは、**何度言ってもしないということを嫌う**癖があります。日々分単位で集団行動をする教育現場で、一人でも異質な行動をとられるとイラッとしてしまう気持ちはとてもよくわかります。しかし、この叱り方だけは少なくしていかなければならないと、日々自分にも言い聞かせています。

さてここでは、子どもに嫌なことがあって返事をしない場合について考えていきましょう。

いつも通り私は、「どうしたの？」という声かけから始めます。本人も意図して返事をしなかったわけですから、そこに優しい言葉をかけると泣き出す子ども（大人も含めてですが）がいます。「なんでも聞くよ」という雰囲気を体全体で表現して話を聞きます。すると、嫌だったことを話してくれることが多いです。

話してくれれば、あとはその気持ちに共感して、その後どうすればよかったのかを聞くだけです。

「どうしたの？　いつも元気よく返事するのにAさんらしくないよ」

「家で、お母さんに怒られたんだ」

「そうか。それは悲しかったね。先生も子どもの時、怒られたことがあって、そんな時は返事しなかったよ。つらかったね」

「でも、私が悪かったの」

「そうだったんだ。何があったかわからないけれど、自分から悪いなんて言えるAさんはすごいね。もしよかったら、何があったか教えてくれる？」


ここでの問題は返事をしないことでした。実は返事をしないのは表面的なことで、問題はその奥に隠れていたのです。これは、ただ一方的に叱るだけでは見えない問題です。

コーチングの理論の中にある「答えは相手の中にある」という考えを、私はとても大事にしています。そうして相手から答えを引き出せた時、信頼関係がぐっと高まっていくのだと思います。つまり、返事をしないという行動が見られた時は、信頼関係を強くするチャンスということですね。

ピンチをチャンスととらえられるか。教育現場においてとても大切なことだと思います。「叱る」ということはピンチ→チャンスです。叱る現象が発生したら、「やった!!」と思いたいですね。

返事をしない理由が子どもにもわからない時があります。その時は、信じて待つ勇気も必要です。そして伝えてあげてください。「先生はいつでも待ってるから、声かけてね！　怒ったりしないから」って。

03 子どもが乱暴な言葉づかいをする時

乱暴な言葉づかいをする子は、クラスに一人くらいいるのではないでしょうか。これは、地域や学校全体の問題もありますよね。では、乱暴な言葉を使っているAちゃんを想像してみましょう。

想像できましたか。今すぐ怒りたくなってきましたよね？（笑）。そこをぐっとこらえて、コーチングを使った叱り方をしてみましょう。いつもと同じように、その子はなんでそんな言葉を使うのかを考えます。

・親や兄弟がそんな言葉づかいをする

・家で嫌なことがある。体罰を受けている。愛情不足

・そういう言葉を使うことで強いと思わせている（強さの勘違い）

実は、どの理由にしてもAちゃんだけが悪いのではないとわかります。相手の立場になって考えると、Aちゃんを頭ごなしに叱ることはなくなりますね。今回は、「兄弟がそんな言葉づかいをする」というものが背景に見えた場合の対応を考えていきましょう。

「そんな言葉を使うと先生悲しいよ」「……」
「そんな言葉を言われたらどんな気持ちになりそうかな」
「嫌な気持ち」

「すごい！　Aちゃんはそういうところがすてきなんだよなー。でも、そういう言葉が出ちゃうのは今日だけじゃないよね。どうして言っちゃうのかな」
「わからない」
「そっか。すぐにはわからないよね。なんか嫌なことがあって乱暴な言葉を使っちゃいそうだなと思ったら、先生のところに来てこの箱に言おうね」

あれ。兄弟の話をしていないではないかと思われた方、その通りです。親や兄弟が言っているから自分も言ってしまうという自覚は、子どもにはなかなかなく、無意識で言ってしまうことが多いので、今回の事例ではそこまでもっていきませんでした。一番いけないのは、「あなたは悪くないよ。お兄ちゃんがいつも乱暴な言葉を使っているからうつってしまったんだね。かわいそうだね。悪いのはお兄ちゃんだよ」という責任転嫁です。「僕は悪くない。環境が悪いんだ」と感じたAちゃんは、何もよくならずこれからも乱暴な言葉を使うことでしょう。

教師の見取りとしてその子の背景を想像するというのは、あくまで想像です。そうかもしれないし、そうでないかもしれません。この想像をする習慣をつけることで、私たちは叱るのを一歩待つことができるようになります。その後はその勝手な見取りを押しつけることはしません。目的は**Aちゃんが乱暴な言葉を使わないことではなく友達に優しくなること**です。Aちゃんのよいところをたくさんメモして伝えるようにしていきたいですね。

周りの友達に聞かれたくないであろうことは、授業が終わった後、個別に話しましょう。みんなの前だと、悪ぶったりする子も、個別に話すと、本音をのぞかせてくれます。

04 子どもが嘘をついた時

子どもたちはしょっちゅう嘘をつきます。嘘なのか、記憶が曖昧なのか、またそのどちらもあることでしょう。「嘘はいけないこと」そんなことはよくわかっているのに、嘘をついてしまいますけれど、子どもだけでしょうか。読んでくださっているあなたは、嘘をついていないと言えるでしょうか。一つも嘘をついたことのない人なんていませんね。それがわかっていれば、この項目を読む必要はありません（笑）。なんて悲しいので読んでくださいね。

嘘にもいろいろな嘘がありますので、この項目では、今回はBちゃんのものなのに、Aちゃんが忘れ物をしたと怒られたくないからBちゃんのものを勝手にとってしまったという設定でいきましょう。

「Aちゃん。それはBちゃんのものだとBちゃんが言っているんだけど、どう?」

「ううん。これは私のだよ」

「そうか。でも、Bちゃんのには、ここに印があるんだ。だからこれはBちゃんのだと思うんだ。どうかな」

「間違えちゃったのかもしれない」

「そうか。間違えちゃったのか。これからどうすればよいかな」

「Bちゃんに謝る」

「そうだね。じゃあ何が悪かったのかも伝えて謝れるかな」

Aちゃんの心の中はどんな気持ちだったのでしょう。

「怒られたくない」「ばれたくない」

という気持ちでいっぱいだったのではないでしょうか。

そんな中、今回「それは嘘ですね。嘘をつくんじゃない！」という叱り方はしていません。本当に嘘をついていたのか決めつけることはできないからです。

しかし子どもと教師です。嘘をついていたことはだいたいわかります。それでも叱ってはいけないのでしょうか。

私は、それでも言葉ではなく表情で「嘘をついてはいけない」ということを伝えるだけにするべきだと思っています。**先生は子どものことを信じている**ということを伝え続けながら叱ることで、少なくともこの先生の前では嘘をついてはいけないと思っていきます。そしてどこの場でも、嘘をつかない子になっていってほしいと思っています。

どんな時も「信じる」ということと、「信じている」ということを子どもにわかるように伝えていくことが必要ですね。

嘘をつくのは、自分を悪く思われたくないと思っている証拠。裏を返すと、よく思われたい。どんな風に思われたいか。そのために何ができるか。その答えは子どもたちの中に。

05 子どもが時間を守らない時

約束の時間に必ず数分遅刻してくる大人がいますよね。時間の見取りがよくないこともありますが、数分遅れるルーティーンがついてしまうと、変えたいと思っていても自分ではなかなか抜けることができないものです。

あれ、大人でも抜けるのが難しいなら、子どもはなおさら……ですよね。そして、子どもは自分に原因があるというより、親の影響を受けやすいものです。その延長で、子どもも時間を守らなくなっていくのだと思っています。けれど、時間を守る子に育てていきたいものです。どうすればよいでしょうか。毎日5分遅刻してくる子を想定して考えていきたいと思います。

「遅れてごめんなさい」

「何度言ったらわかるんだ。10分前には着くようにしなさい！」

「はい」

これだとどうでしょう。教師と子どもの信頼関係がしっかりできていれば、数日、長ければ数十日は続くかもしれませんね。しかし、あくまで短期的な効果です。なぜなら、この伝え方では何も問題を解決していないからです。では解決するためには、どうすればよいのでしょうか。

「遅れてごめんなさい」

「何かあったの？」

「起きるのが遅くなった」

「そっか。最近続いているけれど、どうすれば遅れずに学校に来られそうかな」

「早く寝る」

「すばらしいね。先生そのAさんの気持ちすばらしいと思うよ。どうすれば毎日早く寝られるかな」

「9時には布団に入る」

「いいね！　家帰ってから布団に入るまでにしなくてはならないことにはどんなことがあるかな」

「うーんと、宿題とお風呂、ご飯、歯みがきかな。できたらテレビも見たいけれど」

「そうだね。あまった時間でテレビが見られると最高だね。じゃあ何を何時にやるか、一緒に決めてみようか」

「えーと、ご飯は7時半くらいだから、それまでにお風呂と宿題をやる。食べ終わったらすぐ歯をみがく」

「そこまで自分で決めるなんてすごい！　先生が小さい頃はそんなことできなかったな。これで守れたらさらに最高だね。Aさんならできるよ。先生は絶対そう思う。応援しているよ」

どうでしょう。同じ一言からでも、ここまで変化があります。こんな会話になってもできないかもしれません。それでもいいのです。まずは、毎日5分遅刻していたのに、次の日は遅れなかったとしたら、オーバーに認めてあげましょう。**比べるのはクラスの仲間たちではなく、昨日のAさんです。**細かい成長を見取り、認める。その積み重ねがすばらしいクラスをつくっていくのだと思います。

当たり前のことができなかった時、注意したくなります。当たり前のことができた時、スルーしがちになります。どちらの時に指摘するかで、子どもの自己肯定感は大きく変わりますね。

06 子どもが当番・係の仕事をしない時

もちろん学級の状態によりますし、学年によっても違いますが、子どもたちは貢献したい欲求にあふれています。うちのクラスでは、「このゴミ捨ててきてくれる人いる?」と聞くと、取り合いのじゃんけんになるほどです。これはうちのクラスだけでなく、どなたも教師なら一度は経験したことのある光景ではないかと思っています。**子どもたちは純粋に人の役に立ちたい**のです。

そんな子どもたちなのに、当番・係の仕事をしない子はどんなことを考えているのでしょう。

・純粋に仕事をするのを忘れている(みんながやり終わっている)
・仕事のやり方がわからない
・めんどうくさくて、やりたくない

特に小学校低学年・中学年では、「純粋に忘れている」「やり方がわからない」というケースが多いです。だからこそ、やり方を丁寧に教えることを通して、できる→認めるという積み重ねにより当番・係の仕事をできるようにさせたいと思います。

めんどうな子は、「めんどうくさくてやりたくない」ですよね。今回はこの想定で考えていきたいと思います。

「係の活動をやっていないみたいだけど、どうしたの?」「忘れていました」

「そっか。じゃあ明日からできる?」「はい」

解決!! いやいや、これではまた明日からしないでしょう。何も解決していませんからね。

「でも、今までやっていないのには、理由があるよね」

「ただ、めんどうでやらなかっただけなんで、明日からやります」

「めんどうだったからやらなかったのか。**それを話してくれて嬉しいよ。**どんな係だったらやる気出る?」

「自分の好きなこととかだったら、とことんがんばれます」

「自分の好きなことだったらがんばれるんだね。言いきれるAさんはさすがだよ。じゃあ、係を変えてみるか?」

「サッカーの記事や情報なら毎日集めているから、できると思います」

「いいね! それ、どんな風に係にできるかな?」

「新聞記事を貼りながら、サッカー新聞をつくるのでも係になりますか?」

「いいね! まずそれ1号出してみようか」

「やりたいやつ誘ってつくってみますね。あ、でも今の係は一学期は責任もってやってから、それから好きなサッカーもやりますね」

最後には、最初の係もしっかりやると宣言しました。すごい変化ですね。コーチングを用いた接し方をしていると、時々こんなことがあります。全員がやりたいことをやりながら、クラスのことも考える。そんな環境が理想ですね。

学校にはルールがあるように、子どもたち自身にもマイルールがあります。お互い汚すことなく、汚されることなく、うまくいくポイントを探そうとすること。そんな毎日は社会性を学ぶよいトレーニングですね!

07

子どもが学校のものを壊した時

学校のものといっても、いろいろなものがありますね。故意に壊したのか、それとも偶然壊してしまったのかによっても叱り方は違いそうです。今回は一番よくない「わざと学校の窓ガラスを割った」という事例について考えていきたいと思います。この子の頭の中はどうなっていたのでしょう。

・どいつもこいつもむかつく
・学校なんかだいっ嫌い
・学校のものは俺のものだから何をしてもいいんだ！

今回の事例は、いつもと違います。どんな理由があっても学校のものを壊してはいけません。そして、窓ガラスを割ることは、他の子どもの安全を守れないことにつながります。割る前に大声を出し、力ずくでも止めるべきです。

しかし、「どんな理由があっても、窓ガラスをわざと割ったおまえが悪い！」という指導では、子どもとの信頼関係も築けなければ、逃げ道もなくなります。きちんと叱った後、コーチングを用いた接し方で、その子の心の中をのぞいていきます。

「なんで、窓ガラスを割ってしまったんだ？」
「……」

「割ったことはいけないこと。けれど、割ってしまう気持ちはわかるよ。きっと嫌なことがあったんだよな」
「そうじゃない。Bがどうしても許せなくて、それでもいつもいつも俺が悪いやつになって……。だからむしゃくしゃしていたんだ」
「そうか。そんなことを先生に話してくれて、**先生は涙が出るほど嬉しいよ。ありがとう。**Aさんもつらかったんだな。それなのに、頭ごなしに叱ってごめんな」
「いや、悪いのは俺だから。ごめんなさい」

　心を開いていない子どもに、どんな叱り方をしても通っていきません。まず、自分が自己開示していくことが必要です。

「○○してしまうことは悪いことだけれども、○○してしまう気持ちはわかる」

という共感は、どんどんしていくべきです。それにより、加害者が心を開いてくれることがよくあります。

やってしまったことが悪いことだというのは、子どもはよくわかっています。だからこそ、「それが悪い！」と強く叱り続けても、「そんなのわかっているよ！」となって、目的にたどり着くことができません。

　悪いことは悪いとしっかり叱る。その中で、そういう行動をとってしまった背景を考え、相手の立場になり考える。当たり前ですが、私たちがなかなかできていないことの一つだと思います。

アドラー心理学には大切な三つのステップがあります。①謝罪　②原状回復　③再発防止。その子が事実をしっかりと受けとめ、そのことによって誰が困ったのか。そして、次はどうしたらよいかを考えていきます。

08 子どもが忘れ物をした時

忘れ物を注意する。これは、教師であれば「あるある！」という場面ではないでしょうか。一回忘れたくらいでは注意する程度だと思いますが、何回も何回も忘れるとついイラッとして大声をあげてしまう。これだけ意識している私でもよくやるので、きっと叱るネタナンバー1と言ってもいいんじゃないでしょうか（笑）

忘れ物といっても、場面によって叱り方は違います。

①朝の出席確認の時に忘れ物が発覚した場合
②授業直前に忘れ物が発覚した場合
③忘れているのに、最後まで忘れたと言わず教師が発見した場合

①の場合。毎日忘れているのでなければ、「明日は持ってこようね」「朝のうちにちゃんと言えてえらい！」などの声かけで終わります。忘れた子が次の日持ってきているのか確認をし、「お！　昨日は忘れたのに、ちゃんともってきてすばらしい！」という価値づけをすることも忘れないようにします。

②の場合。「なんで朝言ってこなかったの！」と言いたくなりますが（私は何回も言ってしまいますが）、ぐっとこらえて、無言で見つめます。言葉で伝えるよりも、子どもに考えさせてその答えを自分の口で言わせる方が効果的だと考えるからです。

③の場合。これがやっかいですよね。これは、忘れ物をしたことが問題なのではなく、忘れているのに忘れ

ていないと嘘をついたことが問題になります（嘘については「04」で書きましたのでご確認ください）。

ここでも、

「なんで忘れたと言っていないのに忘れているの！　それを嘘つきって言うのよ!!」

なーんて叱り方は間違ってもしません。

「なんで教科書持ってないの？」

「忘れました」

「どうすればよかった？」

「朝ちゃんと忘れたって言えばよかったです」

「どうすれば明日持ってこれそう？」

「連絡帳に書きます」

「自分で持ってくる方法を考えられたね。えらい！」

いつでもそうですが、最後は自分で解決方法を考えさせることによって、言ったことを守らせたいと考えています。受動的なことよりも、主体的に行ったことの方が忘れませんよね。大人だって、子どもだって一緒です。子どもが達成感をもてる叱り方をしたいものです。

※私は主体的に言っても、すぐ忘れてしまってよく妻に怒られますが、それとこれは別の話のようです（笑）

忘れ物をした時の対応も大切ですし、忘れ物をしなかった時、そのコツを聞いてみるのもよいですね！何気ないことも言葉にすることで、子どもたちに定着しやすくなります。

09 子どもが危険なことをした時

危険なことにもさまざまな種類があります。

①自分でした危ない行為　②友達を攻撃する行為　③ものを壊す行為

「③ものを壊す行為」は「07　子どもが学校のものを壊した時」で書いたので今回は割愛します。「②友達を攻撃する行為」についても、次に出てくるいじめのところでふれますので、今回は「①自分でした危ない行為」について考えていきたいと思います。階段の何段目から跳べるか試していて、けがをしてしまった子のことを想像してください。この子は頭の中でどんなことを考えていたのでしょう。

・この高さなら、跳べる
・みんなにかっこいいところを見せたい
・危ないことをやってみたい

きっと、悪いことだとわかっているんでしょうね。けれどなんかワクワクしてしまってやってみたい。人間がジェットコースターに乗りたいと思う気持ちと似ているのでしょうか。ちなみに私はジェットコースターも危ないことも、基本的には嫌いだしできません（笑）

「どうしてけがをしてしまったの」
「階段の高いところから跳び下りたから」

ここまで会話をした時に、多くの子はすでに反省していると考えられます。反省しているのであればここで叱る必要はありません。自分の中にある自分なりの答えを、自分の言葉を使って言わせるだけです。

「そうか。痛かったね。どうすればよかったの？」

「高いところから跳び下りなければよかったです」

「そうか。自分で考えられてえらいね。高いところから跳び下りたくなる気持ちは先生もわかるよ。でも、それをやってはいけないことを、Aさんの方がよくわかっているみたいだね」

「もうしません。ごめんなさい」

「自分から謝れるのもAさんのよいところだね。今回は大したけがでなかったけれど、ここに人がいたら、Aさんも友達も大けがをしてしまったかもしれないね。そうでなくてよかったね」

最後になんでいけなかったのか、価値づけをすることも大切です。子どもの答えを大事にしながら、子どもが聞く姿勢をつくれたのであれば、最後に生活指導をすることもとても大切になります。

危険な行為は絶対にしてはいけません。けがをしそうな時に優しく注意するなんてこともしてはいけません。これは大声で叱る必要のある事例だと思います。しかし、起きてしまってからは怒鳴るのではなく、自分の中の答えを引き出すようにしていくことが、今後このような事故をなくしていくことにつながっていくのだと思います。

「君を守りたいから！　君が大切だから！　だから絶対にけがをしてほしくないんだ！」
あなたが大切だから。そんな気持ちを伝えてあげてください。

10 給食の好き嫌いが多い子

あなたは好き嫌いがありませんか？

小さな頃嫌いだったものはありませんか？

むりやり食べさせられたことはありませんか？

その時どんなことを思いましたか？


嫌だったでしょ？　そうです！　それです!!

「いやいや、子どもには食べられるようになってほしいんですよ」

「栄養バランスを考えて、偏食になってほしくないんですよ」

「子どものためなんです」

みなさんのおっしゃる通りです。その通り。けれど、それはむりやり食べさせることで解決するのですか？

違いますね。

いつも残す子がいます。基本的に少食で、食べず嫌いも多い。その子の頭の中はどうなっているのでしょう。
・給食の時間が嫌いだな
・また、先生に食べろって言われるかな
・早く終わってほしいな

叱られる前から、嫌な気持ちになっているようです。そこに追い打ちをかけても、その子にとってよいことはなさそうですね。

「今日は、どれだったら食べられそう?」

「今日は、白いご飯しか食べられないと思います」

「そうか。どうしたらいいと思う?」

「他のものも食べた方がいいと思います」

「へえ。なんで食べた方がいいと思うの?」

「今は体をつくる時期だから、栄養バランスがいい方がいい大人になれると思って」

「そうか。食べなきゃいけないと思っているところがすてきだね。じゃあどうしようか?」

「少しずつすべて食べるようにします」

「その気持ちすばらしいよ! じゃあ先生も嫌いな納豆食べるね」

伝えなくてはならないことは、少しずつ食べることでしょう。これを、**教師が押しつけるのか、子どもが見つけられるのかでは大きな違いがあります。**

私たちは、時間がない毎日を過ごしています。だからこそ、すぐ答えを言ってしまいがちです。それを言う必要があるのか、日々自問自答してみてください。きっと半分は言わなくてもいいことなのでは??

私も日々自問自答しています。「引き出す」ということを常に意識していきたいものです。

食べられないものがあると、子どもの気持ちもわかるものですね(汗)。「牛さんかわいそう!」と、肉を食べられなかった時、僕は道具箱に隠していました。「ちゃんと食べた!」と嘘をついていました。追いつめすぎると隠したくなるようです。

11 掃除をさぼった時

掃除ってめんどうくさいですよね。我が家は足の踏み場もなくなることがしばしば……。掃除をしてきれいにしても、二人の息子がすぐ散らかしてしまい、「片づけなさい！」と押しつけてしまうこともしばしば。

では、そもそも掃除ってなんでするんでしょう。

「汚いと嫌な気持ちになるから」「きれいにした方が気持ちいいから」

そうですね。汚いと自分が嫌、きれいだと自分が気持ちいいからするのですよね。子どもたちはそれを感じられているでしょうか。

・自分が掃除をしなくても、教室は誰かがきれいにしてくれている

・自分がやらなくても大丈夫

・めんどうくさい。早く遊びたい

そんな子どもたちに、どんな叱り方をすべきでしょうか。

「今掃除の時間だけど、なんでここにいるんだい？」

「……」

「何かあったのかな」

「私が掃除しなくても、教室はきれいになると思うの」

「そうか。そんな気持ちになっていたんだね。でも、みんなが掃除しなかったらどうなる？」

「教室が汚くなる。」

「そうか。それがわかっているのがさすが！　汚くなるとどうかな？」

「嫌。やります」


それでも、「私はやりたくないの！」とこだわる子もいれば、今日だけやりたくないという子もいるでしょう。どの子も、掃除はしなくてはいけないということを理解しながらも、していないのだと思います。


やらなきゃいけないことはわかっている。

それでもできない。

これからやろうと思っている。

そんな時に「掃除やりなさい！」って言われたらどんな気持ちになりますか？

やらないことはいけないこと。それをいけないと伝えることはとても大切です。けれど、その伝え方は工夫する必要があります。

掃除のような教育活動で毎日行うものをきちんとやれると、その子によい習慣をつけることができます。よい習慣は、学力を向上させ、よい学級につながっていきます。

「やらせる」のではなく、「やりたい」と思える叱り方を工夫したいですね。

掃除が単なる作業になってしまうとやる気は出ませんね。「力を貸してほしい！」「みんなが頼りなんだ！」などを、伝えてあげるのもいいですね！　自分は教室きれいきれいプロジェクトの一員！　目的と役割を感じてもらいたいですね！

12 落とし物が多い子

落とし物箱を見ると、だいたいその子のもの。そんな子に遭遇したことはないでしょうか。生まれてたった数年ですが、きっちりしている子と、すぐものをなくしてしまう子がいるようです。そんな子をただ叱るのではなく、落とし物の少ない子にしていきたいですよね。そのためにはどうすればよいのでしょう。

今回も落とし物をたくさんしてしまう子の立場になって考えてみましょう。

・なんで落としてしまうのかわからない
・僕は、落とし物をよくしてしまう子なんだ
・どうやったら落とし物を少なくできるかな

どうでしょう。いつもと何か違うことにお気づきですか？

そうです。落とし物をしてしまうことに悪気はないのです。忘れ物もしたくないけれど忘れてしまうことが多いのです。読んでくださっているあなたはどうでしょうか。話をしっかり聞けない人、すぐ次のことをやって今やっていることがおろそかになってしまう人、すぐイライラが顔に出てしまう人……（全部私です）。

悪いところはわかっている。直したいけれど直せない。そんなことは誰にでもあるのではないでしょうか。落とし物もその一つではないかと思います。直したいと思っているけれど直せない。そんな中、頭ごなしに叱ってもまったく効果がないことは、ここまで読んでくださったみなさんならわかってくれるかと思います。で

は、どうしましょう?

「どうすれば落とし物が少なくなるかな」

「落とさないよう注意すればよいと思います」

「今までは注意していなかったの?」

「いや、注意していたけれど落としてしまいます」

「そうか。じゃあ他にはどうすればいいかな」

「毎回お母さんにチェックしてもらうようにします」

「いいアイデアだね! 先生思いつかなかったな。チェックしてもらえそう?」

「……」

「チェックしてもらうためには、どうすればいいかな」

「毎日『お母さん見て』と言うことと、お母さんのお手伝いをしっかりすればいいと思います」

「お母さんの手伝いをするんだね。えらいね。そうすればお母さんもチェックしてくれるね」

落とし物をするのはあくまで表面上のこと。話を聞いているとその背景が見えてきます。家族との関係や今悩んでいることなど。それが解決すると、自然と解決していることがよくあります。その背景を見つけてあげるお手伝いをしたいものです。

他のものに意識がいくと、つい落としてしまいます。無意識的なものなので、大変なことでもありますが、意識的に確認することはできます。確認する習慣はつくれますね!

13 宿題をやらない子

宿題をやらない子への叱り方も、「やらない」のか「やれない」のかによって大きく違います。

同じ宿題でも、たった5分で終わる子もいれば、1時間以上もかかる子もいます。

やらない子も、「やれない」が積み重なっていくうちに「やらなく」なってしまった子が多いです。

・家が宿題をする環境ではない
・一人では宿題がわからない

宿題をやらない子の多くは、この二つを解決することが大切です。そのためには、その子の背景にある家庭環境や保護者の関心などを考えていかなくてはなりません。

もちろん、その子に「君は悪くないよ。悪いのはお父さんとお母さんだ」なんて言うことはしません。何もよいことはありませんし、責任転嫁をして、ますます宿題をやらない子に育ってしまうからです。

宿題をやるためには、その子の**内発的動機＝やる気**を引き出してあげなくてはなりません。

「なんで、毎日やってこないんだ！」

という叱り方では効果がありませんね。

そのため、**「昨日のその子と比較する」**ということを積み重ねる、つまりスモールステップを踏んで認める材料をたくさんつくっていきたいと思います。

「Aさん。今日は音読やってこられたんだね」

「先生。でも、Aちゃんは漢字プリントをやっていません」

「そうだね。でも、いつも音読もできなかったAさんが音読をやれたのはすごくないかな？」

「すごい！」

「みんなだって苦手なことがあるでしょ。やらなきゃいけないけれどできないことってない？」

「あるある。私は、話を聞かないってよくお母さんに怒られるよ」

「そうだね。できないものが少しずつできるようになっていけるとよいね」


学級全体でどういう雰囲気をつくれるかも大事です。前の項目でも書きましたが、誰にでも苦手なことはあります。宿題もその一つでしょう。できない理由は本人の怠慢だけではなく、環境に影響されることが多いです。その子だけの責任にはできません。宿題をやってこないことに対して「宿題をやってきなさい」という原因論ではなく、「みんなに楽しく学校生活を過ごしてほしい」という目的論から考えていきたいものです。

つい私たちは、0か100かで判断しがち。「やろうとした！　だけど……」に続く、子どもに起こっていたことの本音を聞きたいところです。わからなかったら、どこまではわかっていたのか。わかる領域拡大作戦ですね！

14 服装が乱れている子

「落とし物」「宿題」「服装」と家庭環境に影響されるシリーズが続きますね。これらは注意しなくてはならないこととは違いますが、考え方はすべて一緒です。子どもは、思った以上に家庭や環境から大きく影響を受けているので、本人を叱るだけでは解決しません。

では、今回は保護者も協力的で金銭面でも問題ないけれど、本人が反抗して華美な格好をしている子という設定で考えていきたいと思います。

中学校なら制服を着なくてはならない、髪を染めてはいけないなどのきまりがありますが、多くの小学校は私服で比較的きまりが厳しくありません。それでも目にあまるほど目立つ格好で来る子だと設定します。

まず、その子は何を考えてそんな格好をしているのでしょう。

・みんなに注目してほしいな
・親に反抗したい
・この格好がかわいい

相手の立場になって考えても、相手の気持ちに共感できないこともあります。それでも、相手の立場になって、その子の中から答えを導き出すよう意識します。

「いつもと服装が違うね。どうしたの?」
「先生もわかる? かわいいでしょ」

「うん。でも、先生はいつもの格好の方がすてきだと思うな」

「えー先生センス悪い」

「そうかな。その服を着てきたのには理由があると思うんだけどどうだろう」

「べつにないよ。かわいいと思って」

「本当にそれだけ？」

「え、それだけだけど。あえて言うなら、親が気づくかと思って」

「え？　何に気づくの？」

「このアクセサリーは、昔買ってもらったものなの」

「そっか。服もだけど、アクセサリーに気づいてほしかったのかな？」

「べつにそんなわけじゃないけど」


これは、以前担任した子とのやりとりを思い出して書いたものです。私はこの時コーチングを勉強していなかったので、「アクセサリーに気づいてほしかったのかな？」と自分から答えを出してしまいました。きっと当たっていたと思いますが、本人は当てられたのが嫌だったのでしょう。「べつに」と言われてしまいました。

金銭面で豊かだから家庭が円満というわけではありません。幸せはお金で買えるものではないのです。保護者が協力的だから、子どものことをよく見ているというわけでもありません。私たちは、その子の一面だけを見るのではなく、いろいろな角度からその子を見て、勇気づける努力をしていかなくてはならないのです。

「私を見て!!」手っ取り早く変えられるのが外見。ひょっとしたら、その子は自信を失っているのかもしれません。その子のすてきな内面も、たくさん見つけて注目したいですね。

15 友達の悪口を言う子

「うちのクラスは、友達の悪口を言う子が一人もいないんです！」というクラスを私は知りません。どんなによいクラスでも、1年のうちにこのトラブルが0ということはないでしょう。逆に言えば、叱るチャンスにあふれているというわけです。正しい叱り方を身につければ、どんなところでも応用がきくというわけですね。

さてよくありそうな設定をしましょう。Aちゃんはいつもいじわるなことを言います。クラスの子に「やめて」と言われていますが、直りません。BちゃんやCちゃんから、「Aちゃんがバカって言う」という訴えがありました。さて、どうしましょう。

先生「Aちゃん。BちゃんはAちゃんに『バカ』って言われたって言っているんだけど、言ったかな？」
A「言ったけれど、Bちゃんの方が先にたたいてきた」
B「たたいていません。いつもAちゃんはいじわるなことを言ってきます」
先生「Bちゃんは何も悪いことしていないんだね」
B「何もってことはないけれど」
先生「Aちゃんの方が悪いのかもしれないけれど、Bちゃんから自分の悪かったことを言えたらかっこいいな」
B「Aちゃんがいじわるなことを言うから、言い返しちゃったことがあります」

先生「正直に言えてえらいね。それは悪いことなのかな？」
B「言われても言い返してはいけなかったと思います」
先生「そういう気持ちになれるのがBちゃんのすてきなところだね。先生だったら謝ることができなかったかなと思うよ。じゃあどうすればいいかな？」
B「謝ります。Aちゃんごめんね」
A「こっちこそ、いじわるなこと言ってごめんね」
先生「お！　先生が何も言ってないのに、自分から謝れるなんてすばらしいね！　Aちゃんのそういうところすごいと思うよ。AちゃんもBちゃんも優しいんだね」

叱る機会は、加害者と被害者をほめるチャンスです。どちらにも非があります。そこで謝らせるのではなく、自分から謝ることでほめるチャンスが到来します。

嫌な顔をしていた子どもがすっきりした笑顔になる瞬間が私は好きです。その後、いじわるを言わなくなったらさらにすばらしいですよね。

もちろん一回の指導で悪口がなくなるとは思っていません。しかし、そもそもすてきな子どもたちと一緒に、悩んだり笑ったりしていること自体がすばらしい仕事と思って教育活動をしていきたいですね。

叱る時は、チャンスなのです！

悪口というのは、気持ちのよいものではありませんよね。子どもにも言ってほしくない。だからこそ、大人も悪口を言うことをやめなくては示しがつきませんね。

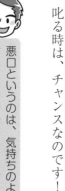

16 友達をいじめる子

人間は常に攻撃性をもっています。その攻撃性が集団の中で間違った方向に働くと、「いじめ」が起きていきます。

いじめは、どんな場合でも、許されることではありません。特に、いじめる子は絶対にいけません。どんなことをしてでもいじめられている子を守ります。それでも、「いじめる子はなぜいじめてしまっていたのか?」ということに戻らなくてはいけません。決していじめている側を守ることはできませんが、教師の心の中では、いじめている側にも何か背景があり、加害者でありながら被害者であるという感覚をもたなくてはならないと思うのです。その子はなぜいじめるのでしょう?

・学校(先生)への不満
・家庭での不満
・自分が一人になりたくない
・その子への憎悪

どんな理由があっても、いじめてはいけません。しかし、いじめた子の背景を考えることで、頭ごなしに叱るという選択肢はとらなくなると思うのです。

どんな時でも、相手の立場になって考える。いじめのような深刻な場面でも、いじめている側、いじめられている側、見て見ぬふりをしている側、全員の立場になった上で、相手から考えを引き出し、対等な関係で話をしたいものです。

いじめる子がいじめなくなるには、頭ごなしに叱るだけではダメです。親を呼んだり、管理職を交えて話したりすることで瞬間的にはなくなったように見えるでしょう。

それは一時的なもので、何も解決していません。

もちろん、一時的でも解決することは大事でしょうが。

大事なのはそれから。

教師が、自分をさらけ出して、子どもたちに訴えかける必要があります。

こんなことを書きましたが、私は縦の関係で叱り、一時的によくなったと思った後にうまくいかず立て直すことができなかった経験があります。

今考えていることを知っていたら、同じような対応はしなかったでしょう。そう思うと、教師の力量不足による被害者は、いじめられている子だけでなく、いじめている子もなのです。

最後にもう一度。

どんな理由があっても、いじめる子が絶対に悪い。それを見ている全員が悪い。いじめをなくせるように叱らない技術を知ってほしいです。

桃太郎から見たら、鬼は悪。鬼から見たら、桃太郎は悪。育ってきた背景が違うから、経験してきたことも違うから、価値観も違う。そしてどちらも、自分にとっての正義を信じているということ。

17 失敗を人のせいにする子

「それ、Aちゃんがやりました。僕はやっていません」

よく聞くセリフですね。子どもは自分の失敗を受けとめられず、友達のせいにすることがしばしばあります。これは自分を守るために、無意識的に行われていることがあります。自分は失敗していない。失敗したのはAちゃんが悪いんだ。自分の脳に教え込むことで、自分の心が傷つかないようにしているのだと思います。

さて、なぜその子は無意識的にそんなことを考えてしまうのでしょう。それは、家庭や学校、もっと大きく言えば、日本の教育すべてに原因があるのかもしれません。

この子は、失敗をどう思っているのでしょう。

「失敗するのははずかしいこと」

「失敗すると怒られる」

「成功することがすばらしい。失敗してはいけない」

私たちもそう思っているところがないでしょうか。

その考えを排除する学級の雰囲気をつくることで、失敗を人のせいにしない子に育てていきます。

かの有名なエジソンは言いました。

「失敗したわけではない。勉強したのだと言いたまえ」

「私は失敗したことがない。ただ一万通りのうまくいかない方法を見つけただけだ」

エジソンは、きっと失敗を人のせいにはしなかったのでしょう。その**失敗は、自分のせいにした方が学ぶチャンスが多い**と思っているからでしょうね。

さて、失敗をAちゃんのせいにした「僕」を、なんて叱ればよいのでしょう。

「それは、おまえがやったことだろう！　責任転嫁するな！」

ついこのあいだまでの私なら、六年生にこう言ってしまっていたでしょう。まったく何も解決していません。

ここでは、事実をしっかり確認することです。話し合っているうちにきっと「僕」にも非があることがわかります。その時、その子の中から考えを引き出していきます。

その最後に、エジソンの話を入れてあげましょう。そして、

「失敗をしたことはラッキーなんだよ。こうやってちゃんと話せたから成長したんだよ。きっといいことがあるよ」

と、笑い合って言いたいですね。

かっこいい人は、他人の失敗も「もっと自分にできることがあったのでは?」と考えます。失敗は怖い。はずかしいかもしれない。誰もがうまくいきたいもんね。けれど、失敗するのは、チャレンジしている証拠。チャレンジしている人はかっこいい！

18 学校に禁止の私物を持ち込んだ子

教室に学校には必要ないものを持ってきているのを発見！　そんなこと一度はあるのではないでしょうか。見つけた瞬間、あなたはどんなことを思いましたか？　持ってきてはいけないのに、何度も持ってきていたことが発覚して、自分がカァーッと瞬間湯沸かし器になった記憶のある方は多いのではないでしょうか。

はい。私です（笑）

瞬間湯沸かし器になってはいけないのは、ここまで読んでいればよくわかりますよね。一瞬の出来事だけでは、禁止の私物を持ってきてしまった背景をつかむことはできません。

故意に持ってきているのか。

無意識に持ってきているのか。

誰かに持ってこいと言われているのか。

瞬間的に叱っていいのは、その子にとって危険がある時だけ。今回はその場面ではありません。できることは、冷静になりその子と会って持ってきた背景を聞くこと。

一回深呼吸して、その子を呼んでみましょう。

「Aちゃんの机の上に、携帯電話があったんだけど、なんでかな？」

「間違って持ってきてしまいました」

「このあいだもそう言っていたよね。どうしても持ってきてしまう理由とかあるのかな?」

「特にありません。すみませんでした」

「(間　見つめる)」

「何ですか」

「Aちゃんが悪いのではなく、どうしても持ってきてしまう理由があるんじゃないかと思ってね」

「お母さんが持っていけって言うんです」

「正直に言ったね。そういう正直なAちゃん先生大好きだな。なんで持っていけって言うんだろう?」

「この後、習い事の時、何かあったら心配だからって」

「そうなのか。話してくれてありがとう。お母さんと話してみるね」


GReeeNの「遥か」という歌にもありますが、信じることは疑うよりも気持ちがいいです。

基本はこの精神がとても大切だと思っています。教師なら、95パーセント嘘をついているだろうなと予測がついてしまうものです。けれど、5パーセントは私たちの考えが間違っていることがあります。今回も、お母さんが持っていけと言ったかはわかりません。その場しのぎの嘘を重ねてしまっているのかもしれません。けれど、まずは信じること。その積み重ねが、子どもとの信頼関係を築いていくのだと思っています。

僕は、煮干しを持ち込んで先生を落ち込ませるどころか、あきれさせたことがありました。煮干しを食べると、背が伸びると言われていたからなんです。あの時、あきれないで持ち込んだ理由を聞いて、約束を施してほしかったな(笑)

19 放課後寄り道をする子

放課後に寄り道をすることの何がいけないのでしょう。

問題場面に遭遇したら、時に逆説的に考えることが大切ですよね。

①違う道から帰っていると何かあった時に探すことができないから
②時間通りに帰ってこないことで、保護者が心配するから
他にもたくさんありますが、この二つが大きな理由でしょう。しかし、寄り道をしたい子は、そんなことはわかっています。それでもしてしまうその子の気持ちを考えていきましょう。
・仲のよい友達とどうしても帰りたい
・寄り道をしたところにどうしても見たいものがある（人、草花、お店など）
・そっちの方が近い

「わかるわかる」と言えたあなた！　あなたは、子どもの心をしっかりもてるすてきな方ですね。けれど、注意しなくてはならないことにはかわりありませんね。さて、どうしていきましょうか。

「Aさんが帰りに寄り道をしているって聞いたんだけれど、本当？」

「寄り道はしていません」

「でも、通学路ではない道から帰っているよね」

「そっちの方が近いから、そっちで帰っているだけです」

「そうか。そっちの方が近いんだね。近いからそっちから帰っていいんだね？」

「近いからそっちから帰って何が悪いんですか？」

「何が悪いと思う？」

「うーんと、何かあった時に、どこにいるかわからないからかな」

「そうだね！　さすが!!　自分で正しいことをしっかりわかっていてすばらしいね。通学路守れそうかな」

「これから気をつけます」


今回の項目は、本人はまったく悪気なく行っている場合があります。

特に、そっちの方が近いからそっちから帰る。友達が一人だから、そっちから帰る。

自分の中でこっちの道の方が怖いから、安全なあっちから帰る。

やはり、どれもいけないことです。それをいけないと教えてあげることも今回の場合は大事だと思います。

それが悪いとわかっていると考えられる場合は、教えながら考えさせることが大切だと思います。

叱る時は、自分と相手の温度差について考えること。

温度差がある時は、どちらにしても叱ったことは響かないですからね。

「何が悪いんですか?」という問いに「何が悪いと思う?」とオウム返しに答える。これをコーチングの手法で【バックトラック】と言います。答えを言わずに、自分で考えてもらいたい時、とても有効ですね!

20 万引きが発覚した子

万引きは、犯罪です。たとえ小学生でも許されることではありません。宿題を忘れて叱られるのとはわけが違うことを伝えていかなくてはなりません。

しかし、とても悪いことをしたから、声を荒げればよいというわけでもなければ、罰を与えればよいというわけでもありません。どのように叱ることがベストなのでしょうか。

それは、やはり子どもの頃の気持ちに戻って考えていく必要があります。声を荒げて叱られた時、あなたはどんなことを考えましたか。叱られた人にあなたが絶大の信頼をおいていれば、しっかり反省することができて、次からしなくなるかもしれません。けれど、そうでなければ……きっと、

①どうせ自分は悪い子なんだ

②誰も俺のことなんかわかってくれない

の、二つの気持ちになって、効果はないでしょう。

叱るならば、本人にとって効果のある叱り方をしたいと思うのは誰でも同じです。けれど、効果があるからといって、ここまで悪いことをしているのに叱らないのも違うのではないでしょうか。

結論から言えば、**どんな状況でも、その子の中の答えを引き出しながら叱ります。**声を荒げて叱りたい気持ちは強いですが、それでもその気持ちには蓋をしてから話し出します。それが、万引きをやってしまった子にとって一番の叱り方だと考えるからです。

「なんで消しゴムをとってしまったのだろうね。先生、一緒に考えたいんだ」

「どうしても、ほしいと思っていて。とっちゃいけないってわかっていたんだけれど、気がついたらポケットに入っていたんだ」

「そうか。どうしてもほしい気持ちは、先生もわかるよ。先生も小さい頃、どうしてもほしい消しゴムがあって、毎日見に行ったことがあるからね。でも、してしまったことについてどう思う?」

「本当にいけないことをしたと思う」

「そうか。しっかり反省できるのはすばらしいね。これからどうしようか?」

「お店に謝りに行きたい。あとお母さんにも謝りたい」

「謝りに行きたいという気持ちえらいね。自分から言えるのすばらしいよ。でも、なんでお母さんに謝るの?」

「お母さんに心配かけたから。お母さんを私のことで悲しませたから」

「そうか。じゃあどうやって謝るか考えようね」


この章では、日常の問題場面での叱り方について考えてきました。私は、どの場面でも、**相手の中にある答えを引き出すこと**を大切にしています。問題場面はあくまで表面で起きている現象であって、その奥の問題が実は一番大切だからです。私たち教師も人間です。イラッとくることはありますが、何も発さず冷静になってから、その子のために叱っていきたいものですね。

万引きはいけないと、子どもたちも知っています。常習になると、罪の意識は薄れますが、発覚した時ガタガタと震えます。その子の本音に寄り添いつつ、再発防止に努める。向き合うことがその子の未来につながります。

Column Hiroyuki

本の中にもちょくちょく出てきますが、私は12年間大学でラクロスというスポーツを教えています。部活の指導者といえば「怖い人」というイメージですが、私はそうならず、今のようなスタイルを貫いてきました。現主将にどんな様子か、紹介してもらいます。

「こんにちは！　女子ラクロス部主将の佐々木絵麻です。

私は、小・中・高とバスケットボールをやっていました。そんな私は、厳しく指導されることで強くなれるのだと思っていました。

大学でラクロスを始め、監督のしょーじさんの指導を受けたことで、私の考えは大きく変わりました。どんな時でも声を荒げることなく、私たちのやる気を引き出してくれます。チーム全体が明るくなり、何事もプラスにとらえることができるようになりました。

私も主将として、チームにいらだちをぶつけることもありましたが、それはまったく生産性がないことを知りました。それからは、私が楽しみ、人のよいところを見つけるようになりました。どんどん結果も出るようになりました。おかげで四部リーグだったチームは、今は国立大学唯一の一部リーグで活動しています。今後もしょーじさんの指導のもと、チームで日本一を目指しがんばっていきます」

5章

授業中や学校行事での叱らない技術

01 授業中の私語がある時

5章は、授業中や学校行事での叱り方について考えていきたいと思います。とは言っても、4章までと叱り方は一緒です。

①危険な時はすぐ大きな声で叱る
②相手の立場になって考える
③基本的には、伝えるのではなく考えさせる
④自分なりの答えを言わせる

さて、今回の項目は「私語をしてしまう子をどう叱ればいいか？」です。

私語、気になりますよね。うるさいことは、周りの友達の迷惑になります。また、話している子は授業の内容が身についていないですよね。ちゃんとわかるようにさせたいと思うのが、教師ではないでしょうか。

けれど、それだけですか？

イライラして感情的に怒りたくなるのは、教師の中に「あ・た・り・ま・え」があるからではないですか⁇

話は聞くもの。聞かないその子が悪い。

けれど、その子の気持ちになってみるとどうでしょう。
・授業がつまらない。わからない
・悪いことをして、先生に注目されたい

・話しているのが楽しい

今回の場合、私語をすることで、周りの友達の学習する権利を奪っています。こういう時は、「静かにしなさい！」と叱るのは効果があると思いますし、そうすべきだと思います。

しかし、その後が大事。個別に呼んで、なぜ話してしまったのかを話す必要があります。

「なんで話していたの？」

「ごめんなさい。特に理由はありません」

「そっか。Aさんはできる子だから、みんなの迷惑になることはわかると思うんだよね。ちっちゃなことでもあったら教えてほしいんだよね」

「授業がわからなくて、ちょっと話してしまいました」

「そうなのか。先生気づいてあげられなくてごめんよ。先生もこれからAさんのことしっかり見てわかるようにがんばるからね」

私語はいけない。けれど、いけないことをするのにも何か理由があります。それを自分自身で見つけられるようにしてあげたいものです。

一人の子の不適切な行動に対して、その場でしっかりと伝えるメッセージ。それはクラス全体へと広がっていくメッセージです。感情まかせに叱ることで「こうすれば言う通りになる！」と、子どもに学んでほしくはありませんね。

02 授業に集中していない（姿勢がよくない）時

授業に集中していない子がいないクラスはありません。

どんなにいい子ばかりだって、集中していない時はありますよね。

ぼーっと空を見てしまう子。居眠りしてしまいそうな子。別のことを考えている子。

まだ、これらは迷惑をかけていないからよしとして……。

机をカタカタ動かしてしまう子。後ろを向いてきょろきょろしてしまう子などは周りの友達の迷惑になっているので、強くその場で叱ります。

もちろん、叱った後は、ほめる材料探し。その後よくなれば「Aさんは一回言っただけですぐよくなるね。そんなところが先生は大好きだよ」などと声かけしていきます。

叱ることはチャンスですからね。

けれど、叱った後にほめるチャンスがない時も多いです。ふてくされて話を聞かない子もいます。こういう時は、前項目と同じですが、個別に呼んで話を聞いていきます。

呼ぶ前に、その子がどうして授業に集中していなかったか考えることも忘れずに。
・前日何かあって、イライラしている
・無意識に脳に刺激を与えるためにカタカタ動かしてしまう
・先生に対する反抗

予想はしていますが、「○○かい？　それとも△△だったから話を聞かなかったのかい？」などの推測はしません。さらに心を閉ざしてしまうだけですからね。

「どうかしたの？　いつものAちゃんらしくないじゃない？」

ここで、「なんで話を聞かなかったの？」などの指導は入れません。疑問形で話しかけます。そして、できれば、「Aちゃんはよい子なのになぜそんなことをしたのだろう？」という聞き方をします。

「家でお母さんに怒られて」

「そうか。それでイライラしていたんだね。先生もそういうことあるよ。いつものAちゃんらしくない理由をすぐ見つけられてすばらしいね」

理由を言えたら、言えたことをすぐ認めます。言えなければ焦らず待ちます。違う時に聞いてもいいでしょう。こっちがゆとりをもつことが大切ですね。

授業に集中していない子がいればイラッとします。当たり前です。けれど、最初に言った通り、見える見えないは別として集中していない子は必ずいます。「こんな私のこんな話を真剣に聞いてくれてありがとう」という心をもって、授業を行いたいものです。

すぐに何て伝えたらよいか、教師もわからないことがあります。そんな時は帰宅してから、冷静に振り返ってみてください。「次、同じようなことがあった時、自分が本当に伝えたいメッセージはなんだろう？」と。

03 授業中、「わかりません」と言って考えようとしない子

みなさんは、急に発言を求められて、焦ったことありませんか？
絶対ありますよね。
私は、目線を下げ、「指すなー」と祈ります（笑）
だってわからないんですもん。みんなの前で間違えるのははずかしいんですもん。

ん？　はずかしい??
みんなの前で間違えるのってはずかしいのでしょうか??

その概念を変えることが教師の役目でしょう。
『教室はまちがうところだ』という本があります。間違えることはすばらしいという学級であれば、「わかりません」と言って考えようとしない子は出ないでしょう。
そうは言っても、そういう学級がつくれる時ばかりではありません。「わかりません」と言って考えようとしない子にはどのように接すればよいのでしょうか。

まずは、授業が終わった後、こっそり二人で話します。

「さっき、『わかりません』って言った時、どんな気持ちだったの？」

「わからなかったから、わかりませんって答えたんです」

「そうか。他の勉強はどうかな？」

「わかりません」

「正直に答えてくれてありがとう。では、わかったらみんなの前でも答えてくれるかな？」

「100パーセント合っているとわかれば答えます」

「そうなんだね。絶対合っている問題なら答えられるんだね。その気持ちわかるよ。先生も、先生たちの中で発言するの嫌だからね。ないしょだよ」

この場合、これから教師は100パーセントわかる問題でその子を指名してあげればよいことがわかりました。あとは、それを積み重ねて、その子の自己肯定感を上げてあげるのです。

「いつもAさんは『わかりません』って言っていたのに、最近ちゃんと考えた答えが言えてえらいね。みんなもそう思わない？」

「わからない時はわからないって言ってもいいよ。でも、間違えてもいいから一所懸命考えた君だけの答えが知りたいな」

「正解」か「間違い」かの二者択一ではなく、チャレンジしてくれた、一所懸命考えてくれたその勇気に、心からの拍手を送りたいと思うんです。そして、間違いが怖くない空気づくりは、私たち大人の仕事です。

04 ふざけた発言や行動をした時

真面目に授業を行っている最中に、ふざけた発言をされたら、イラッとしますよね。教師側には、

・真面目に考えていないことが悪い

・周りの友達の迷惑になる

という思いがあり、「その発言をやめなさい！」となるわけです。

今回は「周りの友達の迷惑になる」ということがポイント。

どんな理由があるとしても周りの迷惑になる行為は緊急性が高いので、厳しく叱ります。短期的でもやめさせることで、周りの友達の授業を受ける権利を保障することができるからです。

しかし、「なぜその子は授業中にふざけた発言をするのか？」ということに興味をもつ気持ちは大切です。興味をもつことができれば、そこで自分自身の怒りをおさえることができ、物事を冷静に判断することができるからです。では、なぜふざけた発言をするのでしょう？

・授業がつまらない。わからない

・先生に反抗的

・笑いがとれると思っている

・学校が嫌。クラスが嫌

授業中に叱って一時的に静かになったとします。これは問題自体を解決したことにはなりません。

「叱った後はほめる」

これは、鉄則です。その日のうちに呼び出します。

「あんな風に叱ってごめんね。どうしてあんなこと言ったの?」

「ついふざけてしまいました」

「そうか。ふざけてみてどう思った?」

「最初は楽しかったけれど、叱られて悪いことしたなと思いました」

「なるほど。自分で気づけるのがAさんのよいところだね。Aさんは普段あんなこと言わないよね。どうかしたの?」

「実は、勉強がわからなくて……」

「そうか。どこがわからないの? 明日一緒にやろうか」

問題について話しているうちに、本当の問題を発見できます。

問題はあくまで表面的であることを理解して叱ることが大切です。

毅然とした態度で伝えるメッセージは真剣に学んでいる子たちへのエールにもなります。ふざけてしまった子との秘密の作戦会議は、クラスをよりよいものへと変えていくでしょう。

05 友達を茶化した発言をした時

ふざけた発言は、不特定多数のクラスの子に迷惑をかけているのに対し、友達を茶化した発言は、不特定多数のクラスの子に迷惑をかけているだけでなく、一人の子の人権を侵害しています。

これは何があっても許してはいけないことです。厳しく指導するべきです。

今まで、叱らずにその子を伸ばしていく方法をお伝えしてきましたが、4章にも書いたように、

・危険な時

・友達を傷つける行為

は、すぐ叱るという心の中の一線は常に決めておく必要があると思います。**前もって準備をしておくことで、叱りすぎることもなくなります。**

「茶化す」ということは、すでに学級内にいじめがあるのではと疑う必要があります。授業中に友達を茶化す発言をするということは、かなり危機的状況であることを疑った方がよいです。

・授業中に発言するということは、隠れてもっとひどいことを言っているだろう

・周りの友達も助けることができていないし、傍観者として加担している子も多いだろう

・先生にばれても大丈夫という思いが少なからずあるだろう

こうなっているか気づけていますか？　これらの積み重ねがいじめになり、教師がいじめを止めることがで

きなくなることが、学級崩壊につながっていきます。

では、どうすればよいか。

学校全体で対応するしか方法はないのだと思います。こうなっているということは、多少なりとも「報告→連絡→相談」を怠ってきた証拠。もしくは、周りの先生がサポートしてくれなかったのかもしれませんね。

「相談しても何も変わらない」
「相談した方が逆にうまくいかない」
「力がないと思われたくない」

どれもよーーーくわかります。だからこそ、一人で抱えず、学校全体を巻き込んでください。友達を茶化した発言をする子のためにも、周りで見ているクラスの子のためにも、そしてなによりあなた自身のためにも。

早期発見できれば、あとはその子の話を聞き、あなたの熱い思いを伝えれば響いてくれる時もあるでしょう。思いを伝え続けていくことが、うまくいってもいかなくても、あなたにとってとても大きな財産になるでしょう。

対応に困った時、どうか一人で抱え込まないでください。同僚の先生や専門家を頼るのは、決してはずかしいことではありません。一人の勇気あるヘルプが、より一層の学校の団結感を生むきっかけとなります。

06 反抗的で何を言っても変わらない子

ここまで読み進めてくれたみなさまにはきっと、

「ふむふむ。よくわかるけれど、そんな子ばかりではないよね」

「こういう場合はどうすればよいのだろう」

「そうは言っても叱ってしまうよね」

といった思いもあるのではないでしょうか。文面だけだと思ったことをすべて伝えられないのがとても歯がゆいです。

今回は反抗的な子を取り上げます。これらの積み重ねで学級は変化していきます。反抗的な子は、前項目のように先生や学校を信頼していないケースが考えられます。そんな時、どのように話していけばよいのでしょうか。悪い例をもとに考えてみましょう。

「どうして授業中あんな態度をとっているの？」

「別に反抗的な態度はとっていません」

「どう見ても反抗的な態度をとっているだろ！」

ありますね、こんなこと。イライラする気持ちはとてもよくわかります。けれど、相手の売り言葉を買ってしまったら、話し合いは成立しません。怒られることは、その子にとって想定内です。その子の心を引き出すためには、**その子の行動は否定しても、その子の気持ちには共感しなくてはなりません。**

「授業中何かあったの？」

「特に何もありません」

「そうか。先生もそんな受け答えをしたことがあったよ。そんな時は誰にも関わってほしくなかったよ」

「なら、関わらないでもらえますか」

「でも、あの行動は他の子の迷惑になるから許せないよ」

「すみません。もうしません（反抗的に）」

「そうか。そう言ってくれたのが嬉しいよ。期待しているよ」

「はい（あまり元気なく）」


きっとこのままでは、また同じことを繰り返すでしょう。この会話だけでは解決に向かいません。しかし、この積み重ねが気持ちを少しずつ変化させていきます。次も数日のうちにするでしょう。その時、「このあいだ言ったのに、なんでまたやるの！　先生信じられないよ！」ではなく、**無言で信じるという気持ちを表現し続けること**です。叱ることで解決するのではなく、可能性を心の底から信じ続けることが、その子を変えていくのだと思います。

人は注目を集めたい生き物です。適切な行動をして、注目が集まらないと思うと、無意識的に不適切な行動をして注目を集めようとします。24時間、悪いことをしているなんてできません。その子が普通の状態でいてくれる時、役に立ってくれていると思いませんか？

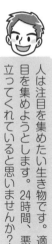

07 テスト勉強をしてこない子

どんなに勉強をしても、できない子はいます。今回はその例はちょっと置いておいて、できるのに勉強してこない子を想定して考えていきましょう。いつもいつもテスト勉強をしてこない子、その子はなぜやってこないのでしょう。

・めんどうくさい
・家が勉強できる環境になっていない
・一人ではわからない→つまらない
「今日の漢字50問テスト、いつもよりできてなかったね。どうしたの？」

「勉強してこなかったんです」

「どうしてしてこなかったの？」

「忘れてました」

「そうか。やる気はあったんだね。それを聞いて先生は嬉しいよ。じゃあ、どうすれば忘れないで勉強できそうかな？」

「連絡帳に書くようにする」

「なるほど！　他にもあるかな？」

「うーんと、家に帰ったら毎日10分漢字の勉強をする」

「すごい！　習慣をつけるっていうことだね。じゃあ、やった日はシールを貼るよ。いい？」
「がんばります！」

今までのどの項目もそうですが、頭ごなしに叱るのではなく、相手ができない理由について興味をもって質問することによって、その子の心を開くことができます。

もちろん一回ではできません。しかし私たち小学校教諭は年間200日以上、通算1000時間以上子どもたちと関わっていきます。興味をもって質問を積み重ねることで、子どもたちとの信頼関係を築けるのだと思っています。

あと、方法を提案しないこともポイントです。できるかぎり子どもの言葉で話させます。

「連絡帳に書くのは当たり前でしょ！　それ以外には？」
「いつも連絡帳に書いているけれど忘れちゃうんでしょ！　お母さんに電話しておくからやってきなさい！」

この言い方では、子どもたちはますますやりたくなくなり、やらされているものになってしまいます。

私たちの願いは、今回で言えばテスト勉強を自発的にやることですよね。だからこそ、方法を自分から言わせるよう努力することです。しんぼうですが、それを自分からやれるようになることで子どもの力はどんどん伸びていくのではないでしょうか。

「あーせい！　こーせい！」と言うことは簡単ですが、「あーせい！　こーせい！」と言われなくなると、やらなくなります。「だって言われなかったもん」と責任転嫁されます。子どもが自ら考える！　をサポートするチャンスですね！

08 ノートをとろうとしない子

ノートを書くこと、あなたは好きですか？

私は、昔先生からの、

「しょうじくんの字は、少し曲がっているね」

という一言で、書くのが嫌いになったことがありました。個人的にはきれいに書けていると思っていたので、とてもショックだったのです。おそらく先生は覚えていないような一言ですが、そんな些細なきっかけで、子どもの好き嫌いは決まるものです。そう考えると、「ノートはとるもの」という固定観念を捨て、

「どうしてこの子はノートをとらないのだろう？」

ということに興味をもつことが必要ですね。ノートをとらない子がなぜ書かないかというと、

・書くのがめんどうくさい

・友達より書くことが苦手。写すことが苦手

・先生や学校に反抗している

反抗している例は項目05・06にあるので、今回は「書くことが苦手」ということで考えていきたいと思います。

書くことが苦手な子と得意な子では、書くために使うエネルギーが違います。得意な子は、時間内に黒板を写すことはまったく苦にならないでしょう。

苦手な子は、得意な子より何倍も苦痛を感じているでしょう。

その不満はいろいろなところに出てきます。**「書けない」が積み重なって「書かない」**になってしまったのです。

その子の一年生の時の様子を想像できますか？　しっかり書いていたのでしょうか？　もし書いていないのであれば、それが積み重なって書かなくなっているのかもしれません。書けていたのであれば、その途中に書かなくなった原因があるのかもしれません。

私たちは「今できていないこと」を見がちです。

今できていないからできるようにさせる。しかし今できないことには、過去に大きな原因があるのかもしれません。簡単だと思うことも、その子にとっては簡単ではなく、なかなか直すことのできないことなのかもしれません。

ノートをとれない子の過去を知りましょう。知った上で、できるかぎり一緒に書きましょう。書くことができたら認め、勇気づけをしましょう。きっと少しずつ変わってくるはずです。
もちろん担任が一人の子につきそう時間はなかなかとれません。けれど本当ですか？　とれないと言いわけをしているだけではないですか??　今日から1分でも時間をとることは可能なはずです。

大人もノートの活用術が知りたくて、ノートのとり方を学びに行きます。それは、「こんな風にノートをとると、こんなよいことがあるよ！」ということを知ったから。ノートをとることが苦手な子は、ノートをとることにどんな意味があると思っているのでしょうね？

09 毎回、教科書を忘れる子

毎回教科書を忘れてしまう子、いますよね。私たちは、やはり「何度言っても同じことをしてしまう子」にイラッとしてしまいがちです。しかし、この子はわざと忘れてくるのでしょうか?

いいえ。ほとんどの場合は、ついつい忘れてしまうのですね。忘れてしまう原因としては、

・前日、準備することを忘れた。また、準備する習慣がついていない

の一点につきます。だって、前日ランドセルに入れれば必ず持ってこれたはずですからね。ということは、これができない理由があるんですね。その理由は、

・本人に習慣がついていない
・家の環境
・保護者の協力がない

などが考えられます。これら三つはどれも関連しているものです。つまり小学校段階では、保護者の協力なくして忘れ物をまったくなくすことは難しいのです。もちろんしっかりしていて自分でできる子もいます。それにしても、そうなるための保護者の協力があったはずです。教科書を忘れないためには、保護者の意識を変えていかなくてはなりません。今回は保護者に電話した時の対応で考えていきたいと思います。

「お母さん。Aさん最近忘れ物が続いていまして、毎日夜のうちに明日のものを確認するのをお願いできますでしょうか」

「すみません。それは父親の担当になっているので、私は見ていませんでした。自分でできるように言い聞かせます」

「そうだったんですね。お父様にもお伝えください。忘れ物をしないためには小学校段階で習慣化することが大切だと思いますので、準備できているのか保護者の方で見守っていただきたいと思います。学校でもしっかり見ていきます」

「うちの子なかなかできなくて……」

「個人差もあるし、大変ですよね。見守ってチェックしていただけていますか？」

「やりなさいとは言っているのですが」

「お母さん。自分が子どもの時、やりなさいと言われてどう思いましたか？」

「なんか嫌な感じはしましたね」

「そうですね。お子さんもそう思っているかもしれませんね。Aさんが自分でやっている時ありませんか？」

「あります！　そんな時、ほめるようにしていきます。チェックもしていきますね」

親も自分の子に悩んでいることがあります。そんな時、教師から電話でできていないと言われたらさらに悩みます。電話でさらに悩ませるのではなく、その悩みを解決できるような対応を心がけたいものです。

僕は子どもの頃、遠足の時、旅行の時、何度も忘れ物がないかをチェックしました。「これを持っていったら、こんな風に楽しめる」と、未来にワクワクしたから。「持ってきてくれてありがとう！」と先生に言われたら、時間割を揃えるのも楽しみの一つに。

10 授業中に立ち歩く子

あなたは授業中、立ち歩いたことはありますか？　多くの教師は、ないでしょう。私もありません。たとえ親に「今日、授業中立ち歩いてきなさい！」と言われても立ち歩くことはできなかったでしょう。

なぜって？　理由なんかありません。

みんなが座っているのに、教師に反抗して、みんなに変な目で見られてまで立ち歩きたい理由なんてないですからね。ということは、**叱るより前に、「この子はすごい！」と認める心が大切です。**その気持ちがもてれば、純粋な気持ちでなぜそんなことをするのか聞けますからね。


まず、相手を叱るモードでなく、尊敬しながら相手の心の中を探るモードにしてから話し合いスタートです。そうでないと、イライラがその子に伝わってうまい解決方法にはならないですからね。そうなったらまずいつも通り、その子がなぜ立ち歩くのか予想します。
・無意識に嫌なことがあると立ち歩く習慣がついているから
・とっても嫌なことがあったから
・学校や学級、保護者のどれかにとても嫌な感情を抱いているから
などが挙げられます。どの理由でも一言で解決することではないですね。

だからこそ、その子が本音を話してくれるまで、自分の心を開いて話し続けることが大切です。

「なんで、立っているの!! 座りなさい!!」

はご法度。もしかしたら本人もなんで立っているのかわからないかもしれないですから。

「どうしたの？ 何か困ったことあった？」

と問いかけましょう。

理由もなく立ち歩いてしまう子は、今まで常に怒られ続けてきた可能性が高いです。そんな子にどんな声で叱っても効果はありません。そのいけない行為を指導するのではなく、その行動をとってしまう子に興味をもつ。その行動はいけないけれども、そうしてしまう気持ちに共感する。どうすれば立ち歩かなくなるのか一緒に考える姿勢をもつ。そんなことをしていければと思います。

みなさんも、いつも叱られるけれど直せないことはありませんか？

私は、私に向かって話してもらっているのに話を聞いていないということをどうしても直せません。もちろん直したいのですがどうしても直せません。毎日のように妻に叱られています。ここに書いたことを機にもう一度意識して直していきたいと思います（笑）。やはり自分から意識することが大事ですよね！

僕は立ち歩いてしまう子でした（笑）。その時のクラスは居心地が悪く、安心できなかったからです。けれど、多くの時間は、しっかりと座って授業を受けられていたんですよ！ 座っている時、ほしかった言葉。「ありがとね！」と、肩ポン！ それだけでよかったかな……。

11 始業式・終業式で話を聞いていない子

始業式。昔自分がそこに立っていたことを思い出せるでしょうか。思い出す時は、より具体的にイメージしてください。その時の担任の先生は何先生でしたか？　どんな天気でしたか？　何を考えていましたか？

思い出してきましたね。きっと、話長いなーと思っていたはずです。

そりゃそうですよね。始業式は休み明けの1日目。今まで休みだったのに早起きして、4月なんて担任の先生が誰になるかドキドキしながらランドセルや手提げ袋を持って、何十分も校長先生の話を聞く。そのつらさに共感できれば、話を聞いていない子への叱り方もおのずと浮かんでくるのではないでしょうか。

話を聞いておらずフラフラしている子。そんな子を見かけたらどう叱りましょう。

まずは無言で近寄ります。きっとそれだけで、前を向いてしっかりできるはずです。いけないのは、

「なんで聞いてないの！　聞きなさい！」

「フラフラしないの！」

などの「○○しなさい」を押しつけることでしょう。

ついつい押しつけてしまうことはよくあります。そんな時は、相手の気持ちになってゆっくり考えることで

す。

誰かの迷惑になっていないのであれば、声を荒げて叱る必要はありません。今まで通り、イラッとする気持ちを深呼吸などで消してしまって、一言。「どうしたの？」「大丈夫？」と声をかけてあげましょう。きっと、具合が悪いのでなければ、ピンと背筋を伸ばすことでしょう。

また、その子に共感しながらも正しいことを伝えるにはノンバーバルコミュニケーションの方が有効です。

メラビアンの法則（1章22ページ）の通り、無言で接した方が「先生は何が言いたかったのだろう？」と想像して自分で主体的に考えることができます。その方が言葉で伝えるよりもよっぽど効果があるでしょう。

叱ることを考える時は、ほめることを考える。つまり、そんな環境なのにちゃんとできている子を認め、勇気づければよいのですね。

私たちは「○○しなさい」というサイが多い指導ではなく、「○○したい」という鯛が多い指導を行いたいものですね。

話の聞き方も、大人が態度で示す。大切なことですね！ 子どもの頃、先生に「校長先生の言葉を一つ以上覚えてきて！集会が終わったらテストするからね」こう言われた時は、集中して聞けました。あの時の先生……「うまいな（笑）」

12 合唱で真面目に取り組まない子

合唱コンクールの時によくある現象があります。

「私のクラスは、初めバラバラでした。みんなで歌おうという女子と、そんなに歌いたくないという男子。最初はバラバラだったクラスも、何回も練習しているうちに心を一つにすることができました」

だいたいどこのクラスもこんなことを言います。なら最初から歌えばいいですよね?? そのためには、やはり学級経営と、合唱コンクールの練習が始まる前の声かけが大切だと思っています。

初めは歌いたくない男子（男子と決めつけるのはよくありませんが、私も男子なので……）。その子たちはなぜ歌いたくないのでしょう。

・歌うのがはずかしい
・なんか青春くさくて、やる気がでない
・がんばっている感じがかっこわるい

「あるある！」と頷いてしまうのは、私だけではないはずです。そんな子たちとどう接していけばよいのでしょう。

「どうして、歌わないの?」
「なんか、うまく歌えないので」
「そうか。最初は誰でもうまく歌えないもんだよ。うまく歌えるようにがんばろう」

「はい」

これだと、教師の押しつけですね。「はい」とは言ったもののまた歌わず、「このあいだ歌うって言ったじゃないか！」と負の連鎖が続きます。

「うまく歌えない以外に歌いたくない理由ってないかな」

「なんかはずかしくって」

「わかるよ！　先生も中学生の時、なんか一所懸命歌うっていうこと自体はずかしかったな。でも、終わった後達成感があったな。たった1か月、がんばってみようよ」

「できるかわからないけれどやってみます」

「先生も、毎日朝練習行くからやろうな」

思春期の子どもたちは、やりたいと思っていてもやりたくないと言ってしまうことがあります。だからこそ、**教師の昔の体験を話しながら、**子どものやる気を引き出したいものです。

早く行きたいのであれば、一人で行くとよい。遠くへ行きたいのであれば、みんなで行くとよい。アフリカのことわざです。みんなで目的に向けて進むためには、最初が肝心。「この仲間で行くんだ！」そんな想いは、クラスの絆を強くします。

13 運動会で手を抜く子

運動会といえば小学校行事の中でも一番の大イベント！

けれど、運動が苦手な子からしたら、どんなにつらいイベントなのでしょうか。

私たち教師は、運動が得意！　までいかなくてもそこそこ運動ができる人が多いのではないでしょうか。となれば、叱る前にその子の気持ちに共感してから、どうして手を抜くのか聞きたいですよね。
・絶対勝てないよ（運動苦手、または、対戦相手が悪いから勝てない）
・ちゃんとやることはかっこ悪いじゃん
・ちゃんとやらないのがかっこいい
・運動したくない
絶対負けると思っていることをやりたくない気持ちはわかりますよね？

一緒にやったら自分だけうまくできないという踊りを踊りたくない気持ちもわかりますよね？

まずは、その子が手を抜くことに共感できなくても、このような気持ちに共感することから始めましょう。

共感した後に絶対言ってほしくない一言。

「負けると思ったらやりたくないよね。その気持ち先生よくわかるよ」

そうです。この子が絶対負けるからやりたくないとはかぎらないからです。

また、たとえそうだとしても、言ってもいないことを先生に決めつけられるのは嫌ですよね。

子どもは本来運動することが好きです。赤ちゃんは何も考えず寝返りし、立てるようになります。人間には動きたい本能があるのです。では、なんで運動が嫌いになるのでしょう?

それは、他の子と比較するからです!!

嫌いにならないために私たちがすることは一つ。**他の友達と比較しないで、その子のできることを認め勇気づけることです。**

「今の走り方はとってもよかったよ。昨日より速くなってるじゃん！」

「踊りよく覚えたね。あそこの足の動きはとっても上手だったよ」

比較しないで認め続けることで、本人の自信になります。そこで大事なことは、心の底から認めること。そうでないと「先生はどうせそんなこと思ってないよ」と見やぶられてしまいます。どの子にとってもすてきな運動会にしたいものですね。

他の人と比較するのではなく、昨日の自分と比較する。結果や成績だけでなく、過程やプロセスも見る。成長実感がもてると、もっともっと成長していきたくなるから不思議です。

14 遠足の電車内で騒ぐ子

教師が「静かにしなさい」と言って電車内を回るけれど一時的にしか静かにならない。そんな経験をしたことがあるのではないでしょうか。そんな時は、いつも通り子ども目線になって考えてみましょう。

・遠足ということでテンションが上がる
・理由はともあれ、話したい
・話してはいけない理由がよくわからない（人に迷惑だから→でも、〔子どもがたくさんいる車両は〕人がさけるから誰もいないじゃん！）

子どもの気持ちわかりますよね！

教師として叱らなければならない立場のあなたの中にも迷いはないでしょうか？　電車内では静かにさせなくてはいけない。しかし、一言も話してはいけないのか？　一言くらい、私たちも話している。せっかくの遠足だからそれくらいはいいかな。うるさい場合だけ注意しよう。

こんな気持ちになったことはないでしょうか。私はよくあります。子どもの気持ちに共感していることはよいことですが、どこまで叱ってどこまで叱らないか軸がぶれていませんか？

そんな時、子どもたちは、どこまで騒いでいいのかわからなくなり、ある一人が話し出しだんだんとうるさくなっていきます。教師として、どこまでがよくてどこまでが悪いのか明確にしておくことが必要です。

あと、事前の意志の共有がとても大事。**「なぜ話してはいけないのか」について事前に話し合っておきましょう。**お客さん役と子ども役に別れての役割演技や、自分の子どもの時の失敗体験を伝えることなども有効です。

「先生は、子どもの時電車で騒いでいてね、怖い人に胸ぐらをつかまれたことがあるんだ。みんなには、そんな危ない目に絶対あってほしくない」

「電車の中にはいろいろな人がいるよね。どうやって乗るべきかみんなで考えてみよう」

最後に当日の電車内で騒いでいる子がいたらどうしますか？

「静かにしなさい！」「なんで騒いでいるの！　二人はずっと乗ってなさい！」

まったく効果がない叱り方で、たとえ静かになってもまた繰り返してしまいます。

「静かにしてくれると、（私は）嬉しい」

「静かに聞いてくれてありがとう」

「（表情で伝える）いいね！」

年に一回、もしくは数回しかない遠足です。子どもたちも先生たちも楽しい遠足にしたいですね！

私たち大人は、「やってはいけないこと」を伝えたくなります。迷惑になるからです。「車内では静かに！」これはわかるようでわかりません。「車内では自分の唇が離れないようにして、窓の外に見える面白いもの探しをしよう」のように、行動レベルでミッションを伝えるのも面白いですね。

15 宿泊学習でルールを守らない子

林間（臨海）学校や移動教室には、さまざまなルールがあります。

・整理整頓をしよう
・自分のことは自分でしよう
・友達と仲良くしよう
・5分前行動を心がけよう
・時間になったら寝よう

どれも大切なルールですが、宿泊学習特有のルールといえば「寝る」ということでしょう。今回は、「夜遅くまで寝ない子」について考えていきたいと思います。

さて、寝ない子どもの気持ちはわかりますよね？

小学校生活で何回もない宿泊行事の夜、寝ないでいろいろな話をしたい気持ちは共感できるのではないでしょうか。普段小学生だった自分を思い出せない人も、宿泊学習の夜だったら、「寝ないでこんな話をした」とか、「先生が来たら寝たふりをした」「寝ないで起きていたら、次の日体調が悪くて大変だった」「すごく怒られたのがよい思い出」なんて人もいるでしょう。

だったら、どのように叱ることがよいのでしょうか？　簡単です！　子どもの頃叱ってもらいたかったことを意識して叱ればよいのです。